[美]

约翰·S. 哈蒙德
(John S. Hammond)

拉尔夫·L. 基尼
(Ralph L. Keeney)

霍华德·雷法
(Howard Raiffa)

著

王正林

译

# 决策的艺术

## Smart Choices

A Practical Guide to Making Better Decisions

机械工业出版社
CHINA MACHINE PRESS

图书在版编目（CIP）数据

决策的艺术 / （美）约翰·S.哈蒙德（John S. Hammond），（美）拉尔夫·L.基尼（Ralph L. Keeney），（美）霍华德·雷法（Howard Raiffa）著；王正林译 .—北京：机械工业出版社，2024.3
书名原文：Smart Choices: A Practical Guide to Making Better Decisions
ISBN 978-7-111-74896-0

Ⅰ. ①决…　Ⅱ. ①约…②拉…③霍…④王…　Ⅲ. ①决策学　Ⅳ. ① C934

中国国家版本馆 CIP 数据核字（2024）第 017021 号

机械工业出版社（北京市百万庄大街 22 号　邮政编码 100037）
策划编辑：向睿洋　　　　　责任编辑：向睿洋
责任校对：张爱妮　陈立辉　责任印制：郜　敏
三河市国英印务有限公司印刷
2024 年 4 月第 1 版第 1 次印刷
170mm×230mm · 13.25 印张 · 1 插页 · 155 千字
标准书号：ISBN 978-7-111-74896-0
定价：59.00 元

电话服务　　　　　　　　　网络服务
客服电话：010-88361066　　机 工 官 网：www.cmpbook.com
　　　　　010-88379833　　机 工 官 博：weibo.com/cmp1952
　　　　　010-68326294　　金 书 网：www.golden-book.com
封底无防伪标均为盗版　　　机工教育服务网：www.cmpedu.com

倘若你陷入了困境，进退两难，需要做出一个重要决策，你却不知道该如何选择。

本书正好可以帮助你。

你知道成功取决于做出明智的决策，所以，你想知道如何成为更优秀的决策者。

那么，本书也可以帮助你。

人们在现实中如何决策，与他们本应该如何决策，两者之间是有差距的。包括我们三位作者在内的研究者半个世纪以来的研究成果表明，这一差距普遍存在。我们写作本书，正是为了填补这一差距。我们提炼决策研究的精华，结合经验和常识，并简明地呈现给大家，期望能帮你在各项选择中都做出更明智的决策，实现目标，节约宝贵的时间和金钱，避免盲目、焦虑和懊悔。简单地讲，我们希望更好的决策给你带来更高的生活品质。

获得卓越的决策技能，是令人非常向往的。你的一生需要花很多时间和精力来做选择。你最终成为怎样的人、从事什么职业、有多么成功、有多么幸福，等等，在很大程度上都取决于你所做的决定。然而，教育界、学术界、企业界几乎都没有将决策当作一种单独的技能来教。考虑到这项技能的重要性，本应在高中、大学和研究生阶段开设关于决策的常规课程，也应当有很多著作讨论这一课题。但遗憾的是，都没有，连这类课程和书籍都十分罕见。

## 精明的选择为优秀的决策提供路线图

在本书中，我们介绍了做出精明选择的一个清晰流程和一套简便方法。我们向你展示在评估你的选择时需要考虑的因素和达成精明选择需要采取的措施。我们的方法实质上是逐个击破：首先，将你的决策分解为若干关键要素；其次，识别出那些与你的决策最相关的因素；再次，运用一些艰难的、系统性的思考；最后，进行决策。我们的方法主动而为，鼓励你寻找决策的机会，而不是消极被动地等待机会的出现。

本书集中了我们从百余年的有关决策的教学和著作中学到的东西，结合了我们亲自参与的上千次涉及个人、家庭、公司、非营利性机构和政府重要决策的咨询实践的经验。你可以对任何值得认真考虑的决策问题采用我们的方法，此方法将助你做出明智的个人决策，从买什么房子、买哪只共同基金，到是否要做某个可做可不做的手术，等等。它也能够帮助你在工作上做出明智的决策，从招聘怎样的人，到制定何种商业战略，以及事先计划哪条旅行线路等。

## 精明的选择清晰且易于理解

许多人无法从现有的决策研究中受益，造成此现象的原因之一是：

对如何进行决策的洞察，往往用过于学术化、技术性的语言来表达。在本书中，我们抛开那些术语，使你能迅速掌握那些洞察的精华。针对那些复杂而重要的决策，我们提供了一套环环相扣的程序，帮助你做出艰难的取舍，澄清不确定性，评估风险，并按照正确的步骤做出一系列相关联的决策。

把我们的方法运用到一些决策问题之后，你会发现自己对这一流程和这些方法越来越有信心。你将不再对决策局面诚惶诚恐，决策过程变得省时省力，挫折感大为减少，结果也变得更加有利。我们深信，本书将帮助你提高自己的决策技能，改善你的生活状态。

写书时最难的事情是让文字准确地表达作者的思想。所幸我们得到了大力帮助。我们感谢哈佛商学院出版社的编辑尼基·萨宾的指导，感谢苏珊·布朗热和尼克·卡尔出色的编辑工作，感谢南希·奥思不辞辛劳的文字处理和建议，以及众多人士对我们的手稿提出的宝贵意见。

约翰·S.哈蒙德

拉尔夫·L.基尼

霍华德·雷法

| 简明目录 |

前　言

# 第 1 章

# 做出明智的选择

我们的决策塑造了我们的生活。无论是有意地或是无意中做出的决策，也不论其结果是好还是坏，它们都是我们在面临机遇、挑战以及生活中的各种不确定性时使用的一个基本工具。

- 我该不该上大学？如果该上，在哪儿上？学什么专业？
- 我应当追求什么样的职业？该找份什么样的工作？
- 我到底是应该现在结婚，还是再等等？
- 我该要小孩了吗？如果要，什么时候要？要几个？
- 我该住在哪里？要不要把现在的小房子换成大房子？
- 我可以为我所住的社区做什么样的贡献？
- 我该聘用哪些求职者？该为我的公司推荐什么样的营销策略？
- 我觉得没有成就感。该换份工作了吗？还是回学校深造？或者换个地方发展？
- 我该怎样拿存款进行投资？应当什么时候退休？退休后做些什么？在哪里住？

　　这些问题，标志着我们的生活和职业生涯在一步步发展，而我们怎样来回答，很大程度上决定了我们在社会上以及在这个世界中的地位。我们在一生中扮演的各种角色（包括学生、工人、老板、市民、配偶、父母以及独立的个体）上取得的成功，取决于我们做出的决策。

## 决策是一项基本的生活技能

　　有些决策是极其明显的，比如无须动脑的决定。假设你的银行账户余额不足了，但你即将迎来两周的假期，你想带着家人到佛罗里达海滨这个温暖如春的地方去放松一下。你会住到你的姐夫让你们免费去住的海滨公寓吗？当然会。又假设你喜欢你的老板，而且对自己事业的发展充满期待，做好了"更上一层楼"的准备。那么，当老板前去参加某次职业培训课，要你在三个星期的时间里顶替她的角色时，你愿意顶替吗？当然愿意。

　　但是，无须动脑的决策只是例外。你在生活中面临重大问题时，针对它们的决策都是既艰难又复杂的，不存在轻而易举或显而易见的解决方案。而且，它们可能不只是影响你一个人，还会影响你的家人、朋友、同事以及其他许多你认识的和不认识的人。所以，做出优秀的决策，是决定着你怎样担当责任并实现个人和职业目标的最重要因素之一。简单地讲：能够做出精明的选择，是一项基本的生活技能。

　　然而，我们大多数人都害怕做出艰难的决策。艰难的抉择本身就具有重大的利害关系，可能会带来严重的后果，它们牵涉到许多复杂的考虑，而且使我们不得不对他人做出判断。在需要我们做出艰难抉择时，我们冒着焦虑、困惑、怀疑、犯错、后悔、窘迫和损失的风险。这就难怪我们发觉很难下定决心并做出选择了。在思考某个重大决策期间，我们会经历一段艰难痛苦的时期，在此期间，我们一会儿自我怀疑，一会儿又过度自信；总想着推迟决策；飞快地想出一个主意后又突然改变，等等，有时甚至会陷入绝望。我们抛硬币、掷飞镖，让别人来决定，或者让时间来决定。其结果是：我们做出的决策平庸无奇，要靠运气才能成功。只有在做完了那样的决策之后，我们才会意识到自己原本可以做出更加明智的选择。但为时已晚。

## 你可以学着做出更优秀的决策

为什么我们会有那些麻烦？答案很简单：我们不知道如何做出优秀的决策。尽管决策对我们的生活很重要，但我们很少有人曾接受过这方面的任何培训。因此，只能从经验中学习。但经验是一个代价高昂而且效率低下的"老师"，它在教给我们好习惯的同时，也教给我们一些坏习惯。由于各种不同的决策局面有着极其明显的差异，所以，做出某个重要决策的经验，在下一个决策来临时，似乎变得毫无用处了。比如，找份什么样的工作或者买套什么样的房子的决策，怎么可能类似于送孩子到哪所学校上学或者在策划一个新的产业园布局时就如何平衡好成本、美观与功能等各方面而做出的决策呢？

确实是这种情况：你在某件事情上所做的决策，与在另一件事情上做出的决策之间，几乎不存在任何关系。不过，那并不意味着你永远学不会更成功的决策方法。你做出的各种决策之间的关联，并不在于你为何而决策，而在于你采用何种方法决策。要真正提高做出更优秀决策的概率，唯一的方法是学会运用好的决策流程——让你能以最少的时间、财力、精力消耗做出最优决策的流程。

高效的决策流程将执行以下六条标准：

- 它聚焦于重要的方面。
- 它合乎逻辑而且前后连贯。
- 它承认决策中存在着主观和客观的因素，并且将分析与直觉思考综合起来。
- 它只需要解决某个特定困境时所必需的信息和分析，无须更多。
- 它鼓励和指导收集相关的信息和可取的意见。
- 它简明、可行、易于运用并且灵活。

你可以在做出生活中大大小小的决策时练习达到这些标准的决策方法，例如看什么电影，买什么车，到哪里度假，做什么投资，聘用什么样的部门主管，采用怎样的医疗方法，等等。越是经常运用这种方法，它也就变得越发高效。随着你的技能日臻熟练以及信心日趋高涨，决策将会变成你的第二天性。事实上，你可能发现你的朋友和同事都在面临艰难抉择时请你出手相助并给他们提建议！

## 运用 PrOACT 方法来做出明智选择

这本书为读者提供了一种直接简明和经过证实的决策方法。它并不会告诉你**为何事**决策，而是向你介绍**怎样**决策。我们的方法达到了上述六条标准。它有助于你更加清楚地观察决策局面下有形的和无形的方面，并且将所有这些相关的事实、感觉、意见、理念和建议转化成可能的最佳选择。我们的方法高度灵活，适合商业和专业决策、个人事务决策、家庭事务决策，可以说，适合你做出的任何决策。

这种方法不会使艰难抉择变得容易起来，那是不可能的。艰难的抉择之所以艰难，在于问题很复杂，没有人能使这种复杂性消失。但是你可以理性地控制复杂性。怎么做？就像爬山一样：一步步来，一步一个脚印地踏实朝前迈进。

我们的方法就是一步步来。我们发现，通过考虑下面的八个要素（见表 1-1），即使最复杂的决策，也能得到分析和解决。前五个要素，即问题（problem）、目标（objectives）、备选方案（alternatives）、结果（consequences）和取舍（tradeoffs）是这一方法的核心，并且几乎适用于任何决策。这五个要素的英文首字母缩写为 PrOACT，能够提醒我们：最佳的决策方法是主动作为<sup>⊖</sup>。最糟糕的方法就是消极等待，错失良机。

表 1-1　精明选择的八个要素

| |
| --- |
| 问题（problem） |
| 目标（objectives） |
| 备选方案（alternatives） |
| 结果（consequences） |
| 取舍（tradeoffs） |
| 不确定性（uncertainty） |
| 风险承受力（risk tolerance） |
| 相关联的决策（linked decisions） |

另外三个要素，即不确定性（uncertainty）、风险承受力（risk tolerance）和相关联的决策（linked decisions），有助于在变化的环境中使决策清晰可辨。不是所有的决策都包含这些因素，但重要的往往包含。

PrOACT 法的实质是逐个击破。为解决一个复杂的决策问题，你从问题中分离出这些要素，逐个进行系统思考，并且把注意力集中在那些对

⊖　英文单词 proactive 的意思为"积极主动"。——译者注

这一特定局面最为关键的要素上。接下来你可以重新整理思路，形成精明的选择。因此，尽管我们的方法可能不会使某个困难的问题变得简单，但至少会降低问题的难度。

## 有效决策的八个关键

现在让我们浏览一下 PrOACT 方法的每一个要素，看看它们怎样发挥自身的作用并且如何组成一个整体。

### 着力解决正确的决策问题

什么是你必须做出的决策？参加健身俱乐部？还是在加入健身俱乐部、更多地徒步行走以及购买一些家用健身设备中做出决策？是决定聘请什么人来管理公司的信息系统部门，还是决定要么设立信息系统部门，要么将这一部门的职能外包？从一开始就确定决策的框架非常重要。为了正确选择，需仔细辨明应该决策的问题，认清它们的复杂程度，避免无根据的假设前提和有可能限制选择的偏见。

### 详细说明你的目标

你的决策应该带你到达目的地。如果你需要招聘一名新员工，你需要的是一位训练有素的团队成员，还是一位思想活跃、视野开阔的人士？你要他/她给你带来新鲜的观点还是丰富的经验？决策就是通向目的地的一条途径。问你自己，你最想得到的东西以及你的兴趣、价值观、担忧、恐惧和向往，哪些与实现目标最为相关。仔细考虑你的目标，会使你更加明确决策的方向。

### 提出创造性的备选方案

你的备选方案代表了你能选择的不同行动。在一场家庭争论中，你是应该站在其中的某一方，还是保持中立？或者，你是不是应该寻求一种能被双方同时接受的解决办法？决策意味着有多种备选方案。你是否考虑过所有的备选方案，或至少广泛地考虑过那些有创意的和合你心意的方案？记住：你的决策，无非就是你的最佳备选方案。

### 理解决策的结果

你的备选方案在多大程度上满足了你实现目标的需要？多种备选方案会令人迷惑，但它们背后是令人警醒或者兴奋的结果。放下枯燥乏味的公司日常工作，到阿鲁巴岛去远航的计划自然很有诱惑力，但对你妻子的职业生涯有何影响？对你正在上学的孩子有何影响？对你年迈的父母呢？对你易于癌变的皮肤又有何影响？坦率地评估每一种备选方案的结果，有助于找到那些与我们的目标最相符的方案。

### 权衡各方面利弊

由于目标往往相互矛盾，你得在它们之间求取平衡。有时不得不在"鱼与熊掌"之间做出取舍。比如，事业对你很重要，但家庭也同样重要，因此，你可能决定减少出差，甚至缩短办公时间。你会因此失去一些职业发展动力，也可能会少挣些钱，但能有更多时间与家人共处。在最困难的决定面前，不存在最优化的方案。不同的备选方案代表不同的目标组合。你的任务是在并不完美的各种可能性中做出聪明的选择。

### 澄清不确定性

未来会发生什么，可能性有多大？当你决定为女儿存一笔大学学费时，你必须评估许多不确定性因素。她会申请常青藤大学还是州立大学？会被录取吗？她的学业、艺术或运动技能，能使她申请到奖学金吗？她愿意参加勤工俭学吗？她需要汽车吗？不确定性使选择变得困难，但有效的决策需要你正视不确定性，判断不同结果的可能性，并评估可能的影响。

### 认真考虑你的风险承受力

当决策涉及不确定性时，结果可能会和预期的不一致。有针对性地做一次骨髓移植手术，可能会、也可能不会治愈癌症。一笔低风险的市政债券投资，也有可能导致重大财务损失。每个人对风险的承受能力不同，而且，由于每次决策涉及的得失不同，人们每次做决定时能接受的风险也会不同。清醒地考虑自己的风险承受力，能使你的决策过程更加顺利、更有效率，据此，你能够做出风险程度适合的选择。

### 考虑相关联的决策

今天的决策会影响明天的选择，而明天的目标应该对今天的选择产生影响。许多重要的决定在时间上是相关联的。某位公路主管可能决定现在购买房产，以应付将来可能增大的车流量，由此避开地价上涨或者社区居民强烈的反对意见等可能限制将来的备选方案的因素。应对相关联的决策，关键在于分离出并解决那些眼前的问题，同时收集必要的信息来解决那些将要发生的问题。尽管这个世界充满种种不确定性，但不管怎样，通过对将要采取的行动排序，以充分利用你逐步深化的认识，你可以竭尽所能做出更加精明的决策。

PrOACT 的八个要素提供了一个框架，它能深刻地改变你的决策，增加你面临的可能性，并增大你找到满意解决方案的概率。以后的章节将对每个要素逐一讨论，现在我们先用一个简化了的案例说明 PrOACT 方法的工作过程。

案例

### 是否卖掉公司的股份

多年前，比尔（Bill）和他的朋友斯坦（Stan）共同在纽约布鲁克林区创办了一家经营隔音材料的公司。和许多新公司一样，创业期间这家公司的日子十分艰难，但经过 20 多年的不懈努力，比尔和他的合伙人终于对公司的现状感到满意了。公司已经成长起来，事业蒸蒸日上，员工经验丰富、忠诚可靠。创业期的紧张和压力已经成为过去。

比尔向来精力充沛，喜欢挑战和变革。他担心自己会因为自满而失去锐气。他对自己的现状进行了前瞻的考虑，开始评估自己的需要，并最终下定决心，想卖掉他在公司的那一半股份。他觉得，他可以重新创办一家公司。他与斯坦交换了看法，斯坦同意买下他的股份。

比尔开始考虑如何对他的股份定价。他知道公司的现值为 130 万美元，由此推算他的股份价值 65 万美元。但他感到斯坦付不起那么多，于是打算把价格定在 40 万美元。当他与妻子玛丽和三个已经成年的孩子讨论起这一打算时，妻儿们都表达了不同意见。他们对创业时的艰难印象太深刻了。难道他真的打算在 57 岁时重新开始经历这一切吗？即使真的要出售股份，难道不该为他的辛劳争取充分的补偿吗？斯坦难道不应该负担实际的价格吗？听了妻儿的意见后，比尔也对自己将要做出的决定感到不安起来。于是他向我们咨询。

我们的首要任务是帮助比尔清晰地阐述他的决策问题。为什么要卖出股份？他厌倦了，想要改变。他打算创办另一家公司，但地点和类型未确定。他的脑海里还曾闪过移居西海岸的计划，那里气候温和，他和玛丽可以乐享更多的户外活动，打高尔夫球、航行、钓鱼、滑雪，等等，这些都是他们喜欢的。

比尔需要明确目标以指导决策。他对新的环境和新的生活方式真的有那么喜爱？他真的喜欢在新的领域获得专业技能的智力挑战？喜欢白手起家的挑战？经过一番仔细考虑，比尔定义出他的主要目标是：参加户外休闲活动、接受智力上的挑战以及最大限度减轻自己承受的心理压力。他也重视对他的合伙人的忠诚，甚至因此愿意牺牲他的一部分商业资本。

接下来我们开始考虑备选方案。比尔已经排除了维持现状的可能性，但是他仅仅考虑了一种其他的备选方案：以 40 万美元的价格将股份出售给合伙人。即使是一定要出售，售出的价格更高一些，也能帮助他更好地实现目标，因此，他不应该忽略提高定价这一备选方案。另外，我们帮助比尔发掘了其他一些更有创意的备选方案。他可以通过另找买家来得到 65 万美元；或者他的合伙人可以先付 40 万美元，另外 25 万分期支付；再或者，比尔和斯坦可以都卖出股份，如果斯坦愿意，可以在新的产权结构下继续管理公司。

对目标的新的洞察，引导比尔重新审视这些备选方案的结果。他有没有考虑过资本收益税会从他的投资资本中扣除？剩下的金额，在维持他现在闲暇和舒适生活的前提下，足够他重新进行创业吗？实际上，考虑了税收扣减因素后，出售股份的财务前景，看起来不那么有吸引力了。

我们还请比尔权衡他自己的财务状况和他对合伙人的忠诚之间的关系。我们问比尔，设想他的合伙人有 65 万美元来买他的股份，他愿意给合伙人返还 25 万美元吗？很自然，比尔回答说"不"！

我们还帮助比尔充分考虑他的另一些目标。一方面，他想要在温和的气候里享受户外生活，但还不打算退休。另一方面，他也不想回到整天工作或者为工作而焦虑的状态中去。他希望有更多的时间和家人相处，补偿那段因为创业没能和自己的孩子们在一起的时光。显然，重新建立一家公司需要个人付出巨大的牺牲，更别说在新的市场上拓展新业务得面临巨大风险了。作为一个经验丰富的商人，比尔不畏艰险，但不同的是，这次再创业，他没有斯坦做后盾了。经过长达 20 多年的合作，比尔感到他离不开斯坦的支持。

在对决策问题有了充分的和全新的认识后，比尔与家人和合伙人讨论了他的各个目标和种种备选方案。比尔最终做出了一个与开始的计划全然不同的精明选择：不出售他的股份，而是迁居南加州，在那里开设一家分公司，仍旧从事隔音材料业务。比尔一家乐享他们新的生活方式，而他本人也感到了创业的兴奋。他的公司发展得很好，等到八年之后他退休时，合伙人出价 170 万美元买下了他的股份。

## 现在着手做出你自己的精明选择

比尔的经历阐明了学会做出好的决策的种种好处。当然，好的决策不一定能够保证好的结果，正如糟糕的决策也不一定会带来坏的结果一样。粗心大意的人，可能会有好运气的庇佑；谨小慎微的人，也可能面临惨败。但是，好的决策能够提高成功的概率，同时能够满足我们掌握自己命运的需要。在接下来的章节中，我们将逐步展开阐述案例中对比尔很有价值的 PrOACT 决策方法。阅读这些章节，有助于你改进决策方法，从而对你的人生道路产生积极影响。

不过，在深入阐述之前，先让我们来看一些重要的小贴士，它们将有助于你从我们的方法中最大限度地获益。

首先，要始终专注于那些最重要的问题。快速浏览一下八个要素，对决策问题有一个大致的总的看法。只有很复杂的问题才需要深入考虑所有要素，一般性的问题只需考虑其中的部分要素。通常情况下，只有一两个要素是在决策中需要重点考虑的。

有时，只要列出了你的问题、目标、备选方案、结果和取舍，以及不确定性、风险和相关联的决策等这些要素，就能使决策清晰起来，找出通往精明选择的道路。如果这样还行不通，你应当尝试以不同的方式重新排列你的问题，比如用图表的方式展示出来。可以运用多种表格，使用不同的文字或者变换侧重点来重新描述问题。你可以和别人讨论你的问题，征求他们的意见。对于比尔来说，我们让他想象给自己的合伙人25万美元的现金，使他茅塞顿开，而对于他的家人来说，回忆过去的艰辛和压力，也使问题变得清楚了。

尽管我们所指出的系统方法会大大提高做出精明选择的概率，比如我们为比尔咨询的那样，但是，这并不能保证。你得避免一些可能把你的思路引入歧途的心理陷阱。正如心理学家已经表明的，决策时最初在我们脑海里闪过的念头，可能对我们最后做出的选择产生不当的影响，不知不觉中扰乱我们的决策过程，导致我们做出错误的决策。在第 10 章中，我们将告诉你如何识别并且降低最常见的心理陷阱的影响。

比尔的故事强调了一个做出精明决策的要点：**掌控局面**。创造你自己的决策机会，在决策中前瞻考虑。寻找新的方式来表述你的决策问题。积极搜寻隐藏的目标、新的备选方案、没有被意识到的结果以及合适的取舍考虑。最重要的是，要积极寻找那些有益于你的长期目标、核心价值观及家庭和社区的决策机会。通过决定要做哪些决策以及决策的时机来主宰自己的人生，而不是消极等待事情发生。

CHAPTER 2

第 2 章

# 问　　题

　　也许你有能力经过深思熟虑后做出思虑周全的决策，但如果你是从错误的地方开始决策的，也就是说，从一个错误的**决策问题**入手，那么，你根本不可能做出精明的选择。陈述问题的方式，决定了你考虑的选择和你评估这些选择的方式，因而促成了你的决策。提出合适的问题，决定着后面的一切。

　　假设你计划搬到一个新的城市居住，因而需要租一套未装修的公寓。你的决策问题似乎很简单：我该选择哪一套公寓？但真有这么简单吗？也许你最理想的选择是租一栋房子，而不是一套公寓。或者，也许你应该将你的物品先存放在临时仓库中，租一套带家具的公寓，过几个月以后，等到你对这个城市有了更多了解时，再决定是否签订长期租约。或者，也许你应该尝试找一位合租者。或者，也许你应该果断地买下一套公寓。实际上，也许你根本就不应该搬到那个城市去。

　　你提出问题的方式，对你的选择有极大的影响，由"搬到哪个城市"开始思考而最终得出的结论，与由"住在哪套公寓"开始思考而最终得出的结论，是迥然不同的。因此，你陈述问题的方式，本身就代表了一个重要的决定。假如问题的陈述方式发生错误，你将朝着错误的方向前进；假如问题陈述得正确，你便能接近真正的目的地。**针对某个正确定义的问题的不错的解决方案，比针对某个错误定义的问题的卓越解决方案，几乎总是明智得多。**

## 创造性地定义问题

在定义问题时最大的危险在于懒惰。用最显而易见、最直观或者最通常的方式来陈述问题，是很容易的事情，但容易的事情不见得最好。为了确保得到正确的问题定义，你得打破常规，创造性地思考。

多年以前，一个原本在困境中谋求生存的美国西海岸港口得到了复兴，原因是有人创造性地定义了一个决策问题。原来，该港口有一个影响力巨大的码头工会，每隔三年，工会要与管理层进行一轮新的劳资谈判。为了避免裁员，工会多年来一直要求管理层执行一系列严格的工作规程。那些规程阻止管理层采用更有效率的新技术进行船只装卸。结果，港口的业务开始萎缩。在进入新一轮劳资谈判时，管理层的谈判委员会认为应当使工会废止一些限制性较强的条款，而管理层作为让步，则相应地增加工人的工资和福利。委员会中有一名成员是来自行业外部的顾问，他大胆地提了一个问题："管理层能够承受多大代价来废止所有这些不利的工作制度呢？"其他的谈判参与者由于思维受到现存制度的限制，以前从来没有考虑过这种可能性。

当然，"管理层能够承受多大代价"这一问题的答案，取决于摆脱工作规程约束后港口的运营情况。谈判委员会进行的研究表明，假如摆脱了工会制定的严格的工作规程的约束，其变化将是革命性的，能节约大量的成本。

最后的结果是：委员会与码头工会谈判达成了一个慷慨的买断协议，取消了工作规程。代价固然高昂，但与预计的成本节约相比仅是九牛一毛。在之后的数年里，港口彻底改变了它的经营方式，尤其是提高了集装箱货物的处理能力，收益非常可观。船主们也受益颇丰，因为船只的周转时间由数天缩短到数小时，工作效率大幅度提高，成本则大幅度削减。消费者也得到了好处，因为从夏威夷运来的容易腐烂的水果变得更便宜了，品种也更丰富。工人们自己也得到了实惠，因为随着港口的货运量的增加，码头上的工作机会更多更好了。

这是一个真正意义上的突破。究其原因，仅仅是某人从全新的角度去看待一个常规性问题，并用创造性的方法来提出问题。

## 把问题变成机遇

决策问题被称为"问题"，是有原因的。毕竟我们几乎从来不为得到哪些乐趣而决策。我们做决策，是因为我们必须应对困难和复杂的局面。我们要么进退两难，要么面临许多选择，要么遇到了麻烦，需要找一条出路。但问题不一定总是糟糕的。实际上，当我们能够创造性地阐述问题时，就能把它变成一种机遇，并得到其他有益的选择。正如爱因斯坦所说，"机遇往往藏在困难之中"（in the middle of difficulty lies opportunity）。不论某一局面看起来如何糟糕，不妨问问自己：我能够从这种局面中得到什么，这里的机遇是什么？

当美国的制造业公司受法律的强制约束，不得不从它们的经营过程中剔除对环境有害的原材料时，他们发现了这个问题有利的一面。最初，他们只注意到不利的方面，例如生产过程分崩离析，成本大幅度升高，需要做更多的文书工作。但很快，有些人注意到了机遇的存在。他们并没有用狭隘和直观的方式看待问题（我们怎样处理那些有害材料），而是拓宽视野，将问题从广义上重新定义为：我们怎样更好地和更有效率地生产我们的产品？由此，他们得以实现经营上的突破，能够以更低的成本，在不使用有毒原材料的条件下进行生产。通过将问题转化为机遇，他们赢得了一种重要的竞争优势。

在这个案例中，法律成为一个触发因子。每个决策问题都有一个**触发因子**，也就是背后的启动力量。触发因子有多种形式：你的上司要你选择一个新的电子邮件清单软件包；与你的爱人聊起如何利用你家的后院，使你对草坪设备有了新的想法；某位朋友心脏病发作，使你想到你该减肥了。

大多数的触发因子来自他人（比如你的上司）或者不受你控制的环境（比如新出台的影响你的公司的管制规定）。由于这些是从外部强加于你的，你可能不喜欢它们带来的决策问题。但是你完全不必消极等待必须做出一项决定的时刻，而是可以主动采取行动。实际上，给你自己创造决策情境是个好办法，它甚至能使你在问题出现之前就创造出新的机遇。例如，你可以定期回顾一下你的职业生涯，看看是不是能有一个新的发展方向。你不必等到和老板或同事产生了冲突或者公司遇到麻烦时才做决定。前瞻地考虑，广泛地搜寻决策的机遇。

## 定义决策问题

那么，定义或者重新定义你的决策问题的最佳方法是什么呢？先写下你对基本问题的最初评估，然后质疑它、检验它、完善它。

### 问问是什么触发了这项决策，我为什么要考虑它

触发因子是一个好的出发点，因为它将你与实质性问题联系起来。尽量清晰地陈述触发因子。包括：

（1）你对决策问题是什么的假设。　　我们需要新的草坪设备。

（2）触发的情境。　　　　　　　　　和妻子的闲聊。

（3）触发因子与问题之间的联系。　　怎样利用我们的院子。

当你探索触发因子时，一定要留心！触发因子可能使你产生偏见。它们可能使你只从直觉上看待问题。比如，当你的上司请你选择一个新的电子邮件清单软件包时，问题可能是：购买哪个软件包最好？而实际上真正的问题也许是：如何管理公司的直邮项目？你可能发现，公司实际上并不需要一个新的软件，而是需要与一家外部公司签约接管邮件服务。

### 质疑问题陈述中的限制条件

问题的定义往往包括了缩小你的选择范围的限制条件。比如，如果某个问题定义为：我们应当什么时候对我们在中西部地区新发行的信用卡进行为期三个月的市场测试？它实际上包含了三个假设：①将要进行市场测试；②测试将持续三个月；③测试将在中西部地区进行。这样的限制条件通常是有用的，它们使你的选择更有方向感，使你不必在无关的选择上浪费时间。但有时，它们蒙蔽了你的视野，令你看不到最好的选择。如下面的例子所证明的那样，发现和质疑限制条件，可以使你更好地定义问题，找到更好的解决方法。

-------------------------- **质疑限制条件：伯克利会议** --------------------------

美国西海岸一家公司想要进军美国东北部的市场。为此，公司任命了一个三人小组来制定策略。其中一人来自加利福尼亚州伯克利市的公司总部，一人来自不列颠哥伦比亚省温哥华市的制造厂，另一人来自科罗拉多州丹佛市的营销部门。这个小组的组长，也就是伯克利总部的主管营销工作的副总裁，建议小组成员开一个为期三天的会议，共同商议最终的策略。他请他的助理来帮他安排这个会议。但是，助理经过多次联络，发现在最近两个月内，三个人都找不到合适的时间来召开这个为期三天的会议。

会议安排遇到了困难，于是助理开始问一些问题：这个会议一定需要开三天吗？是不是两天就可以了？是不是三个人必须同时出席？但他还发现，即使是安排三人同时出席为期一天的会议，也很困难。

副总裁回到基本问题上来，他问自己和另外两位小组成员："为什么我们要考虑开会呢？"答案很简单：为了制定策略。他接着问道："有什么别的办法能够完成这项任务吗？"（实际上这是将决策问题由"我们什么时候开会"变成了"我们怎样制定策略"）

小组商量出了一个新的行动计划。副总裁制定出完成策略的步骤，并将任务分派给自己和两位同事。小组成员使用电子邮件对彼此的工作成果进行修改，然后举行了三次电话会议进行汇总，每次会议持续两个小时。

这个办法奏效了。他们在三周时间内制定出了一套周密的策略。

--------------------------------------------------------------------------------

### 辨别问题的关键要素

如果你是位演员，得选择下一个参演的角色，那么，你的决策问题的关键要素可能包括：什么角色会使我获得更高的知名度？我得花多少钱赢得这个角色？我获得技能的最佳方式是什么？我的档期和行程对此有没有限制？我应该等待更多的机会出现，还是集中精力把握现有的机会？当你把问题分解为若干组成部分时，便能确保你的问题陈述重点集中在正确的目标上。

### 了解有哪些其他决策与当前的决策相互影响

有没有其他的决策可能影响这个决策？有什么其他决策可能受到这个决策的影响？例如，公司会不会拨款进行培训可能会影响你对新的文字处理软件包的选择。要知道，你的投入可能影响到公司购买新计算机和通信硬件的开支规模。绝大部分的决策都不是孤立的。慎重考虑一个决策问题的环境，有助于保持正确的方向。

### 确定足够的和可操作的问题定义范围

是否应当在考虑这一问题时考虑相关问题？还是应该将这一问题剥离出去单独考虑？你得在一个广义的定义和一个容易处理的狭义定义中做出衡量。定义过于狭窄的问题的理想解决方案，对于定义足够宽泛和准确的问题来讲，可能是糟糕的解决方案。比如，如果你想节约汽油，可能会为了降低路面摩擦而将轮胎的气打得很足。但如果你真正的问题是降低汽车运行的总开销，这也许是一个非常糟糕的决定。因为，你在汽油上省下的钱，可能远远无法弥补你更换轮胎的开支。

### 通过询问他人对局面的看法而获得新颖的洞察

当你已经对面临的所有问题做出令自己满意的回答后，不妨换个角度思考。根据问题的性质，你可以向家人、见多识广的朋友、处理过此类问题的熟人或相关领域的专业人员寻求建议。他们的意见能够促使你从新的角度看待问题，也许能向你展现新的机遇，或者揭示不必要的、人为的限制条件。如果你不方便向别人谈起这个问题，可以设想别人可能会怎样想。比如，你可以自问一下："我的顾问会怎么看这个问题，上司又可能会怎么看？"不要害怕被人嘲笑异想天开。如果你是一个政治家，你可以想象一下杜鲁门或者丘吉尔会怎样看待你正在面临的问题。

## 在过程中重新检查你的问题定义

显然，你想在一开始时就给出可能的最佳定义。但是，即使你花了很多努力定义问题并寻找解决方案，你的理解也可能随着时间的推移而发生变化。比如，一开始时你可能认为你的问题是筹划你的暑假旅行，而后发现真正吸引你的是在冬季游一趟南非。你没有时间和财力度两个假期，所以得改变最初的问题定义。

定义决策问题本身就是一个决策问题，这一问题的解决将深深影响你最终的选择。因此，不仅在一开始要考虑多个可能的问题定义，在进行过程中，还要不时地停下来重新检查你选择的定义。某电信公司的竞争对手将它的电视会议图像清晰度提高了20%，为了应对这一局面，这家公司先将决策问题定义为："我们怎样在最短时间内赶上他们的清晰度？"但经过再三考虑，公司意识到，将决策问题转变为"什么样的技术革新能使清晰度提高100%，以使我们在竞争中领先"，能够给公司带来优势。

重新定义你的问题，通常也给优化决策带来机会。因此，在决策的过程中经常问一问自己："我是在致力于解决正确的问题吗？"质疑问题的定义，在环境迅速变化或者在可以使用新的信息时尤为重要。没有明确阐述的问题，无异于陷阱，不要掉进去。

## 坚持你的视角

如果你觉得，我们好像在问题的定义上颇费了一番工夫，的确如此。好的定义需要时间，不能指望一蹴而就。当然，用在创建一个好的、全面的定义上的努力，必须通过在时间（比如，"现在我没有时间考虑某个更复杂的问题"）、重要性（比如，"这个决策不那么重要，根本不需要花那么多精力"）、显著性（比如，"我现在面临的紧急问题很多"）和情绪（比如，"我没有做好面对这个问题的准备"）等方面加以平衡。但是，在绝大多数情况下，多花些时间来定义问题，是完全值得的。如此一来，你会在做出明智的选择上多一些胜算。

-------------- 未能很好定义的问题限制了选项：找份新工作 --------------

俄勒冈州波特兰市的鲍勃·汉蒙斯基（Bob Hamonski）丢了工作。嗯，可以这么说吧。他的公司被一家更大的公司收购了，他那个财务分析师的岗位已经没有了。新的老板渴望留下鲍勃，不过，他们只在其他的下属公司中才保留了财务分析师的岗位，他们希望鲍勃到那些下属公

司去工作。但有一点，其他所有的州都有那些下属公司，唯独俄勒冈州没有。

要重新去其他的州工作和定居，对鲍勃来说有问题，因为他刚刚离婚。他和前妻的离婚协议尽管是两人心平气和签订的，但把两个年幼孩子的监护权给了鲍勃。鲍勃的前妻是位律师，根据离婚协议规定，前妻只在紧急情况下以及周末才负责照顾孩子。

鲍勃原本可以采用各种不同方式来定义他的决策问题，他心里一直在想着这件事。尽管他的技能已经十分熟练，他觉得自己面临的决策问题似乎是："我怎样才能继续在我现在的老板手下工作？"结果，他选择了其中一个公开宣布的分析师的岗位，到华盛顿哥伦比亚特区西雅图市的一家下属公司去任职。在拥有下属公司的州中，那是离波特兰最近的地方了。

不过，事到如今，只要鲍勃的孩子一生病，他就感到生活像是一场噩梦，因为他的前妻也离得太远了，没办法照顾孩子，而鲍勃要从西雅图赶回波特兰，单程4～5个小时的车程，让他一想起就有些头疼。雪上加霜的是，那份工作本身也不如他原来的那份工作好。

如果鲍勃换一种方式来定义决策问题（比如，"我可以在波特兰找到的最好的财务分析师工作在哪里"），他也许可以最终找一份更好的工作，到另一位老板手下工作，也不用离家那么远了。如果以其他的方式来定义他的决策问题，他也就不必缩小自己的选择范围了。

---------------------------------------------------------------------------

太多时候，人们对问题的定义往往考虑不够充分（正如鲍勃那样）。他们急于求成，在没有正确形成问题之前就仓促考虑其他的决策要素。

尽管他们以为自己在解决问题方面有所进展，但在我们看来，他们好比在公路上高速行驶的旅行者，得意于自己 60 英里○的时速，却没有意识到走反了方向。

**案例** ▣

## 扩建旧房还是另外买房

让我们来看看达琳·马瑟（Darlene Mather）和德鲁·马瑟（Drew Mather）夫妇的例子。他们家住在一套两居室的房子里，空间过于拥挤，觉得必须改善一下。

八年前，当他们的第一个孩子约翰即将出生时，为使孩子拥有自己的空间，德鲁夫妇买下了他们如今居住的这套简朴的房子。现在，他们的第二个孩子也即将出生。达琳和德鲁发现，无法在现有的居室中给未来的孩子腾出空间。起初，夫妇俩想过各种办法。约翰能和小宝宝住在一个房间里吗？（他很快就会厌烦的。）我们自己把卧室分一半出来给小宝宝，怎么样？（是一种可能性，但我们的房间已经很小了。）因此，他们决定扩建现在居住的房子。过去的两个月，他们一直在考虑改扩建的选择和价格。比如说，加盖一个房间需要 25 000 美元，虽然价格不算太贵，但将使他们原本就不宽敞的庭院变得越发狭窄。如果在现有的房子上加一层，这样虽然可以保留庭院，但要花 40 000 美元。

在过去的八年里，由于市场价格上涨，马瑟夫妇房子的市价已经翻了一倍。一位做房地产生意的朋友告诉他们，他们的房子可以卖到 155 000

---
○　1 英里≈1609 米。

美元（他们当初的买入价格是 77 500 美元）。现在，他们还有 57 000 美元的抵押贷款没有还清，因此，他们的资产是 98 000 美元（155 000 美元减去 57 000 美元）。夫妇俩工作稳定，税前的共同收入是每年 75 000 美元，他们觉得，自己完全能够负担改扩建的费用，还能够顺利地应付每月的支出。

但有天晚上，一家人吃过晚饭后，利用德鲁在厨房洗碗的时间，达琳开始和小约翰聊了起来，结果，小约翰说到的一个点子，引起了夫妇俩以全新的方式来思考。

达琳告诉丈夫说："德鲁，约翰今天真的让我想到了一个新的主意。你认识就住在这个街区的约翰的朋友吉米吧？吉米一家打算搬家，因此，约翰问我说，为什么别人要搬家，还问我们什么时候搬家。起初我以为他是担心我们搬家，但他事实上对搬家感到兴奋不已！我和他聊了很多，我告诉他别人为什么要搬家。跟他讲得越多，就越来越忍不住心想，我们自己为什么没有考虑过到别处去买房，而一直在考虑改扩建这栋房子呢？"

德鲁不无诧异地问："你说的是真的吗？现在这房价？"

"嗯，这对我来说是个新的点子。我在和约翰解释别人搬家的理由时，约翰也说出了我们要搬家的种种理由，比如，他将有更多的游戏空间，能够在马路上骑车，离学校更近一些，等等。没错，现在的房价是比较高，但我们已经在现在的房子上积攒了一笔资产。我们现在完全能够用分期付款的方式买下更大的房子，而不是在原来的房子上修修补补。"

德鲁恍然大悟："两个月来我们一直在纠结扩建房子的问题，实际上问题不是'我们怎样改建'，而是'我们怎样为我们的家庭创造足够的空间'或者'我们怎样能有一个更好的家'。扩建我们现在的房子，只是其中的一种可能性罢了！"

（待续，见第3章）

## 案例启示

达琳和德鲁从一个过于狭窄的问题定义"我们怎样扩建"入手，他们的触发因子是需要有空间安置即将出生的孩子。在开始时，他们没有停下来认真思考陈述问题的不同方式，而是仓促地下结论，认为扩建就是最好的选择。幸好，约翰的一个天真的问题提醒他们可以考虑得更宽泛些。

现在，我们有些什么建议可以帮他们呢？

首先，他们应该花更多时间来思考其他各种可能的问题定义。例如，可以考虑搬到郊区对他们的生活质量的影响，或者考虑一下是否要生第三个孩子，或者是否会有年迈的亲戚搬来与他们同住。

其次，他们应该辨别围绕他们决策的假设限定条件，问问自己是否想放松、消除或者替代其中的一些。例如，如果他们搬家了，与达琳或者德鲁的父母家离得远了一些，会有多大影响？他们是不是可以到别的地方去找另外的工作，来扩大范围寻找可选择的房子？

扩展的思维能够产生更好的问题定义，而更好的定义能够启迪更多创造性的解决方法。

CHAPTER 3

第 3 章

# 目　标

你已经清晰地阐述了决策问题。现在，先别着急，在匆忙进入实际的决策过程之前，先暂停一下，仔细考虑自己的目标。你真正想要什么？真正需要什么？你的希望是什么？目标是什么？诚实、清晰和完整地回答这些问题，有助于做出精明的选择。

为什么目标如此重要？因为它们是你衡量备选方案的基础，换句话说，它们是你决策的标准。在确定已经认清了所有的目标之后，你就能避免做出不平衡的决定，比如一个考虑了财务意义而忽略了个人成就感的决定。另外，列举出一系列完整的目标，能帮助你超越已有的、显然的备选方案，考虑新的和更好的备选方案。

目标是非常私人的，但它们不必是以自我为中心的。根据决策的不同，你确定的目标可能关系到你的家庭、雇主、社区甚至整个社会。设想你是个自由职业者，刚刚为一家大公司完成了一本厚厚的计算机培训手册的编撰工作，正在寻找下一份工作。你的直接意向是从其他大公司找到类似的工作，满足你增加收入和增长资历的目标。但是接下来，你开始考虑其他对你来说同样重要的目标：支持你的社区，帮助那些不幸的人们，拓展你的阅历等。你决定接受一份收入稍低的工作——为本地一家艾滋病人救济院撰写募捐信和宣传手册。尽管你会牺牲一些收入，但你意识到，通过超越你自己关注的事项，你做出了一个明智的决定。

## 让目标引导你

有时候，思考和写下目标的过程，能够引导你做出精明的选择，无须进一步分析。这里有一个例子，假设你的上司提出要给你晋升，新的工作要求你从圣迭戈搬到纽约，薪水比以前高得多。你的本能反应也许是："太棒了！"但综合考虑你的一系列目标后，你开始犹豫起来。尽管新的岗位会带来丰厚的报酬，但搬家会搅乱你的爱人、你那对 12 岁的双胞胎孩子以及你自己的生活。

经过和家人一同考虑，你确定你的最重要目标是：提升家庭的生活质量，进一步谋求职业发展，并且为公司做贡献。当你根据这些目标重新考虑这次晋升机会时，你的观点来了个 180 度大转弯。你意识到，由于你的家人热爱温暖的气候和户外活动，搬到纽约生活会降低他们的生活质量。你发现，虽然新的工作会更有挑战性，也令你感到满意，但现在的工作其实与你的天分和兴趣更相符。你还发现，这两份工作对公司的贡献，其实相差无几。去纽约，收入当然多一些，但就目前的情况而言，赚到更多的收入，仅仅是你的根本目标中的一项。你的决定突然间明朗起来。你拒绝了晋升的机会，向上司合情合理地解释了你的原因。

即使答案不那么明显，你设定的目标也将引导着你的整个决策过程（包括开始时定义各种备选方案，对各种备选方案的分析和对最终选择的合理性证明）。具体来讲：

- **目标帮助你决定要寻找什么信息。**一个新的老板向你发出了邀请函，请你到他的公司里工作。你在确立自己的目标之后，发现工作环境对你十分重要。你会上网去搜索一番，找一些关于那家公司的企业文化方面的信息。
- **目标帮助你向他人解释你的选择。**你的上司要求你解释为什么要签署公司复印机的长期服务协议。你列出了你的目标清单，以此作为依据，便能向她说明你的整个考虑，表明你的决策与其他备选方案相比，更加符合关键目标。
- **目标决定了一项决策的重要性，从而决定了该目标值得耗费多少时间和精力。**假如你与牙医预约了明天去看牙齿，这个时间对你来说没有问题，因为你没有其他更重要的事情要办，那么你何必还在这件事情上纠结呢？

当你发觉你的决策过程遇到阻碍甚至陷入停顿时，不妨回头审视自己的目标。它们将使你保持冷静，把握方向。

## 警惕这些陷阱

记住那句老话，"如果你不知道你的目的地，只能走到哪里算哪里"（If you don't know where you're going, any route will get you there）。决策者往往没有花足够的时间去清楚、完整地定义他们的目标。因此，他们到达不了他们的目的地。

为什么？通常情况下，**决策者将注意力过于集中在一个狭窄的范围**

内。他们的目标清单过于简要和随意，忽略了一些只有在做出决策之后才显现出来的重要事项。他们关注那些有形的、可量化的因素（成本、可用性等），不太注意那些无形和主观的因素（特色、易用性等）。"硬"条件排斥了"软"条件。另外，他们倾向于强调短期（享受今天的生活），而忽视长期（退休后有舒适的生活）。

这些失误的发生，主要有两方面原因。第一，**许多人在定义目标上花费的时间和精力太少**。他们自以为已经知道自己想要和需要什么。他们不经过深思熟虑，就立即做出了看似"解决"问题的选择，并且继续错下去。事后，等到事情的发展不如预期时，他们才突然意识到自己并非真的明白自己的目标。但为时已晚。

第二，**找到正确的目标并不容易**。目标往往不会一目了然地闪现出来。当你自以为知道自己想要什么的时候，你真正的愿望可能被抑制了，被掩盖在别人对你的期望、社会的期望和规范或者日常事件之下。对于重要的决策，只有深入内心的探索，才能揭示对你来说什么是重要的。这种自我反省的过程，对许多人来说令人困惑不安。但是，你越是能够透过现象观察本质，就越有可能做出聪明的选择。

## 熟练掌握辨别目标的艺术

辨别目标是一项艺术，是一项能够系统地进行实践的艺术。你可以按照下面五个步骤来辨别。

### 第一步：写下你在决策过程中希望关注的所有事项

尽量全面，不要担心杂乱无章，或者混淆了重要和微小的事项。在辨别目标的早期，太讲究秩序，只会阻碍你的创造力。用各种各样的方式来想象现在、将来甚至潜在的可能事项。不要担心只是用了不同的方式在描述同一件事情。对同一事情的重新描述可能有助于发现重要的细微差别。

采用下列方法来完善你的清单：

- 编写一个愿望清单。尽可能完整地描述你希望从你的决定中获得的任何东西。什么能使你真正快乐？
- 想象可能的最糟糕的后果。你最想避免的是什么？
- 设想你的决定对其他人可能产生什么影响。你希望他们得到什么？
- 询问有过类似经历的人，他们在做决策时主要考虑哪些事项。
- 想象一个最优（即使不可能）的选择。它的好处是什么？
- 想象一个最差的备选方案。它的坏处是什么？
- 设想你怎样向他人解释你的选择，怎样证明它的合理性？你的回答可能揭示出更多你关心的事。
- 面临一项联合的或者集体的决策时，比如涉及家人或同事的决策，首先让每个人按照上面的建议对问题做出回答。然后将清单组合起来，运用不同的观察视角对原始观点进行扩展和提炼。通过在开始时使每个人不受他人观点影响而独立进行思考，你将能得到一个更全面、准确地反映每个人所关心的事的清单。

使用以上以及自己设计的一些方法，你将能够详尽地描述目前面临的问题中你所关心的方面。

### 第二步：将你的关切转换为简洁的目标

最清晰和最易沟通的表达目标的方式，是用一个包含动词和宾语的小短语来表达，比如"降低成本""减轻环境破坏"，等等。

------------------------- 辨别目标：选择孩子就读的小学 -------------------------

玛丽和比尔得为他们的女儿凯特选择一所就读的小学。为了辨别和评估各所可选的学校，夫妻两人各拿出了一份清单，他们觉得清单上所列的要求和事项，对女儿的教育十分重要。接下来，他们综合了各自的想法，这很容易完成，只需把两人列举的清单整合到一起就行了。10分钟后，他们列出了共同的目标清单。这所学校要使孩子：

- 学习基础知识。
- 喜欢这所学校。
- 培养创造力。
- 培养遵守纪律的习惯。
- 培养好的学习习惯。
- 学会和他人合作。
- 参加体育锻炼。
- 了解身边的人。
- 接受智力上的挑战。
- 享受学习和掌握知识的乐趣。
- 参与艺术活动并学会欣赏艺术。
- 了解社会。
- 为将来的学习（初中）奠定基础。

- 建立持久的友谊。
- 深化对基本价值观的认识（正直坦率、乐于助人、换位思考）。

玛丽和比尔遵循前面介绍的两个步骤，又整理了第二份清单。这一次，他们着眼于他们希望学校能给孩子的教育带来什么。不过，两人在这次综合各自的清单时，发现在一个方面存在着明显的分歧：玛丽列举了"不必穿校服"，而比尔则列举了"必须穿校服"。

于是两人展开了讨论。玛丽说道："我憎恨让孩子穿校服。这让我想起了军事化。我觉得在着装方面的多样性，要健康得多。"

比尔则反驳说："但是，你一定不希望孩子们在着装上相互攀比。对那些买不起新衣服的孩子来说，这不公平。"

最后，两人从各自的角度整理出一些关键要素，并达成了共识。这一次，他们在当初形成的对一所好学校的要求清单上，还增加了以下这些要求：

- 每年的学费最低。
- 上学和放学的路程最短。
- 鼓励生活方式的多样化（孩子的着装、兴趣等方面）。
- 不鼓励在物质上相互攀比（孩子的衣服、自行车等方面）。
- 鼓励尊重和理解所有的孩子，不论他们的家庭条件如何。

--------------------------------------------------------------

### 第三步：将目标与手段分离以确定你的根本目标

你已经列出了你最初的目标清单，现在要对它们进行整理。难点在于区别出哪些是达成目标的手段（例如，新车里配有真皮座椅），哪些是真正的目标（配备舒适美观的内部设施）。

将目标和手段分离的过程有点像剥洋葱，每一层看起来都不同。最好的方式是遵循"不停地问为什么"这一原则。要不停地问"为什么"并且不停地回答，直到你最后再也问不出来为止。美国环境保护局用"最大限度减排"作为目标来评估许多旨在减轻空气污染和水污染的项目。但是这个"目标"到底是目标还是手段？让我们通过问"为什么"来找到答案：

> 为什么他们要最大限度降低排放呢？
> 因为这将减少污染物聚集。
> 为什么减少污染物聚集是重要的？
> 因为它会使人接触的污染物更少。
> 为什么减少接触的污染物是重要的？
> 因为接触污染物会损害人的健康。
> 为什么损害健康是一个重要问题呢？
> 因为损害健康就是重要问题。这就是环保局想要达到的目标，其他的一切，都只是达到这一目标的手段。

问"为什么"会使你发现真正关心的问题，也就是相对于手段目标而言的根本目标。手段代表了到达根本目标的途中小站。到达根本目标时你能够说："我要的就是它。这是我对这个决定感兴趣的根本原因。"根本目标构成了受你的备选方案直接影响的最广泛的目标集。

想想下面的例子。为了建设公司新的配送中心，你最初确定的目标是"在最短时间内建设好"和"在最短时间内获得许可"。通过问自己

"为什么"，你就会意识到这些是手段，它们最终要实现两个根本目标："使配送中心的开业准备时间最短"和"成本最低"。

你的根本目标取决于你的决策问题。决策问题中的手段，可能成为另一个决策问题中的根本目标。设想你刚满 55 周岁，打算在 10 年后退休。你有两个相关的决策问题：现在怎样投资你的退休基金？以及退休以后做些什么？在第一个决策里，你的一项根本目标是要为退休积攒尽可能多的钱，而在第二个决策里，有钱只是一个手段。多问几个"为什么"，会将你引向根本目标：达到和维持高质量的生活水准。

将手段和根本目标分离开来十分关键，因为这两者都对决策过程起着不同的重要作用：

- **每种手段都可以作为产生备选方案的刺激物，可以加深你对决策问题的理解。**比如，问问怎样在最短的时间内建好配送中心，能够引出多个缩短开业准备时间的优秀备选方案，比如将所有需要的建筑材料立即运到现场。
- **只有根本目标应该被用于评估和比较备选方案。**你当然希望手段更好一些。但为什么呢？就为了更好地实现根本目标。如果你使用一项根本目标和支持它的手段来评估备选方案，你会在最后的选择中过于强调这个特定的根本目标。

## 第四步：澄清每个目标对你的意义

你应当已经有了一个可靠的根本目标清单。现在，对于每个根本目标，问问"这实际上意味着什么"。问"为什么"，使你能够清晰地看到目标的组成部分。澄清事实，便于更好地理解，从而帮助你更加准确地陈述目标，看清如何实现目标。另外，当选择的时刻来临，你将能更有准备地评估目标是否正在得到实现。

许多目标的基本意义显而易见，比如，"成本最小化"意味着花钱最少，而有些目标的意义可能不那么容易把握。例如，你希望使某种特定的空气污染"对健康的损害最小化"，但是，这指的是哪种对健康的损害呢？又是对谁而言呢？又如，你可能想在你的专业领域"最有声望"，但声望是指什么？以谁的标准衡量呢？澄清一项目标的意义，有助于目标的实现。

### 第五步：测试你的目标，看它们是不是你的兴趣所在

澄清了你的每一项目标以后，可以对它们进行测试。使用你的清单来评估多种潜在的备选方案，问问自己是否喜欢得出的选择。如果不喜欢，你很可能忽略了或者错误地阐述了一些目标。你得重新检查它们。另一种有用的测试是看你的目标能否帮助你向别人解释某种可能的决策。假如使用你的目标作为理由进行解释十分困难，你很可能需要花更多的时间来提炼你的目标集。还有哪些目标表述得不够清楚？漏掉了什么？

## 明确你的目标的实际建议

记住以下几点，你便能更容易地识别你的根本目标集。

**目标是因人而异的。**在同样局面下，不同人的目标可能截然不同。比如，一个投资于退休计划的单身者可能只关心某只共同基金的长期价

值，而一位已婚人士可能会更关心基金的中期价值，因为，假如她不幸早逝，这项投资可以帮助支撑她的家庭。

**不同的目标适合于不同的决策问题。**人们常常忘记这个基本点（毕竟，重复使用目标比对每个问题重新考虑目标要容易得多）。例如，医院在聘请一位新的募捐主管时，应使用与聘请财务主管不同的目标。

**目标不应受数据的可用性和易用性的限制。**许多人在列出目标时错误地注重短期的、有形的、可衡量的性质，但这些性质可能不反映问题的实质。使用易于衡量但是片面的目标，就好比你在一个黑暗的街角丢失了钱包，却跑到一盏路灯下去寻找，只因为那里更亮一些。容易衡量的目标经常不能说明什么是真正重要的。警惕这个陷阱！

**除非环境变化显著，否则，对同一个问题的经过深思熟虑的根本目标应该保持相对稳定。**这里的关键词是"深思熟虑"。显然，如果在最开始时目标没有经过推敲，那么，经过深思之后，目标集会发生变化。但如果已经慎重考虑，而又没有出现健康、资金等方面的重大变化，类似问题的根本目标应该保持不变，或者是缓慢发生变化。

**如果一项可能的决策总让你感到不安，那么你也许忽略了一项重要的目标。**你可能会认为这是思维拖沓的表现，但也不一定。有时，当你正视一项决策时，一个此前没有考虑过的目标可能突然闪现出来。来看一个例子。一个由地区学校的理事会任命的委员会要组织一次为期一天的公民会议，讨论镇上学校的未来。委员会使用理事会设定的目标清单起草了一个日程表。但遗憾的是，理事会否决了这个日程表。尽管日程满足了理事会表明的目标，但通过进一步的讨论却揭示出一项先前没有认识到的目标：避免可能引起激烈争论的话题。理事会只有在面临关于会议日程的决策时，才发现了这一目标的存在。

案例 🔲

# 扩建旧房还是另外买房（续一）

德鲁和达琳现在有两种改善居住面积的途径：改扩建或是搬家。

德鲁列出一个清单，写下搬家和不搬家的理由，以厘清他们的目标。夫妻二人讨论了一个小时后，达琳在纸上写满了他们的想法。儿子约翰也参加了讨论并谈了一些他的想法。

第二天，达琳把她的记录列成了一个清单，题为"我们想要的房子应当具有哪些优点"。经过进一步讨论后，得到了表3-1中的内容，他们把这些称为他们的目标。夫妇俩对这一结果比较满意，决定根据这些目标，到市场去寻找比改扩建现有住房更符合他们目标的房子。

表 3-1　我们想要的房子应当有哪些优点

| 目标 | 子目标 |
| --- | --- |
| 好的地理位置 | 离德鲁的单位距离适中<br>离达琳的单位距离适中<br>距约翰的学校近<br>购物距离近 |
| 学校质量 | |
| 社区质量 | 犯罪率低<br>交通状况良好<br>拥有游戏场地<br>运动设施（游泳池、网球场、自行车道）齐全 |
| 房屋质量 | 大小（卧室数、卫生间数）合适<br>厨房宽敞<br>客厅宽敞明亮<br>已进行必需的维修<br>美观 |
| 院子 | 大小合适<br>风景（树木、草坪、花园）宜人 |
| 成本 | |

（待续，见第 4 章）

### 案例启示

德鲁一家三口仔细考虑了他们关注的问题，整理出一份目标清单。这是正确的步骤。他们下功夫把目标写下来，并且更进了一步，把目标分解为子目标。但是，假如他们遵循以下原则，则完全可以更加优化他们的程序：

- 对于联合的或者集体的决策，应当让每个人分别列出自己的目标，然后再进行汇总；要将关注的每个问题编写成动宾结构的词组，来表述真正的目标。

- 对于每个目标，多问几个"为什么"。德鲁一家十分关注犯罪和交通问题，因为他们关注安全。他们可以很明白地把"最有安全感"作为一个根本目标，其他的安全问题，比如楼梯的陡峭程度和墙壁的稳固性等，都可能成为确保实现该根本目标的重要手段。

- 问一问"我们用这一项到底要指什么"这个问题，能使我们对关注的问题认识得更加清晰。比如在德鲁一家的案例中成本和学校质量的问题。"成本"是指房子的销售价格、分期付款的首付额度、其他即付的款项，还是指抵押贷款的数额或每月还款额、税费、装修费用、维修和保险费用？同样，"学校质量"也有很多组成部分，为了使评估和比较有意义，德鲁一家需要搞清楚学校质量对他们究竟意味着什么。

一旦德鲁一家对他们的目标有了清楚的定义后，下面的建议能够帮助他们进一步定义他们的清单：

- 在达到他们的目标前，先到市场上考察一些房屋。这一步将帮助他们确认和扩展他们对原始目标的理解。
- 设想购买或者拒绝购买几栋不同的房子，考虑使用列出的目标来向他人解释这些选择的清晰或者容易程度如何。
- 留意那些尚未意识到的重要目标出现的可能，比如一栋房子的增值潜力。

CHAPTER 4

第 4 章

# 备选方案

备选方案相当于决策的原材料，它代表为实现目标你所拥有的一个可供选择的范围。备选方案的确定是决策中至关重要的一环，因此，一定要用高标准来衡量。关于备选方案，在任何时候都要牢记下面两点：第一，你永远不可能选择一个你甚至从未想到的方案。在你租房的时候，也许在一个很好的地段有一幢很好的房子正等待出租，但如果你没有想到这样的房子也可以出租，你就永远没有机会租下这个房子。第二，不管你拥有多少种备选方案，你选定的那个方案，至多只是这些方案中最好的。因此，寻找好的、新的、有创造力的备选方案的好处，超乎你的想象。

## 不要把自己局限在有限的方案中

不幸的是，正如人们常常自以为知道自己的目标一样，人们也会自以为已经知道了所有的备选方案，而不去想还有没有其他的方案。结果，很多决策都是在过分狭小而且结构不佳的选择范围中做出的。这些情况发生的共同原因是缺乏深入思考，在具体表现形式上大致有以下几种。

一个最常见的错误是**抱着"一切照旧"的想法**。日常生活中的很多问题与以前碰到过的其他问题相似，因此，做出与以前相同的选择，是最简单的办法。假设你和你的女友正在商量周五晚上如何度过。在过去的六个星期，你们每到周五晚上都是先吃饭再去看电影。那么，这个星期也先去吃饭再看电影，怎么样？再假设去年本市的市政经费有 40% 用在了学校，30% 用在了警察局，20% 用于社会服务，剩下的 10% 用于休闲娱乐等方面。今年也照此分配，不是挺好吗？这种因循守旧，源于人的懒惰心理和对习惯的依赖。其实，只要多花一点点工夫，就可以找出新的更有吸引力的方案。

但有时候，所谓的"新"方案不过是对之前设计的方案进行了微调而已，例如，今年的市政预算也许不同于去年，但仅仅是在百分比上做了一些调整，这种方案就没有任何新意可言。所以，不要被陈规陋习束缚，要想出真正有新意的方案。

很多糟糕的选择源于过分依赖所谓的"预定方案"。比如，假设你是一个海洋科学专业的大学毕业生，很喜欢你的专业，但还没有找到与专业相关的工作（也许你看上去工作不太努力），而家人强烈要求你去经营家族的服装生意。你可能觉得进退两难，于是选择了家族的服装生意。这本来就带有预定方案的意味。记住，每一项决策都会有多种方案可以选择，即使刚开始看起来不是这样。人们在说"没有选择"的时候，真正的意思是"没有比预定方案更好的方案"。当然，要想出有新意的方案，得费一番工夫。

另一个错误是**选择第一个可能的方案**。假设你最近搬了家，需要找一位当地的医生，你向同事询问了经常给她治病的医生的名字，并最终选择了那个医生作为你的医生。接受第一个方案是最简单的选择方法，尽管很有效率，但结果可能不尽人意。因为第一个选择往往并不是明智之选。你同事的医生可能称职，但也许不符合你的要求，可能不擅于交流、缺少相应的资质、咨询网络不够广或者工作时间和你的相冲突，等等。其实，只要多花一点时间和精力，你肯定能找到一个符合自己标准的医生。因此，要养成这样一种习惯：在找到一个可能的方案后，再想想还有没有更好的方案。

**仅从其他人提供的方案中进行选择，也将导致糟糕的决策。**例如，假设你刚刚被某公司聘用，有一天，另外一家公司的人事部门给你打电话，给你提供一个很有吸引力的职位。在这种情况下，大多数人会怎么做？多半会从目前的公司和后面那家公司中选一个，而这两个方案都是由别人提供的。但如果你真的打算辞职，为什么不积极寻找其他的机会？千万不要让自己的思维被一些框框局限住。

**迟疑不决，同样不利于做出明智之选。**这是因为，等待时间太长，很多好的机会就会擦肩而过。如果你迟迟下不了决心到哪里去度假，当你准备订票时，合适的航班可能早已没票了。如果你生了病，却迟迟下不了治疗的决心，当你最后打算治疗的时候，病情可能早已加重了。要记住，重大决策需要下决心，快去抓住机会吧。

## 产生更好备选方案的关键

形成一套好的备选方案并不是很难，但需要花费一定的时间和精力，不妨试试下面这些方法。

### 利用目标——多问问"怎么做"

既然目标驱使决策，你也可以利用它们来指引你寻找好的备选方案，问一问自己："怎么做才能实现我的目标？"对每一个目标，包括所有实现根本目标的手段以及根本目标，都要采取同样的步骤。

问一问"为什么"会将你从手段带向目标；问一问"怎么做"则会将你从目标带向手段，带向备选方案。毕竟，备选方案是最终的手段。假设你在筹建一个新的配送中心，你如何实现"在最短时间内建好配送中心，使之尽早开业"这个根本目标？一个答案是在最短时间内拿到建筑许可证。怎么做到这一点呢？可以聘请一个对当地法规和当地政府官员都很熟悉的本地律师。这就是一个备选方案。

### 挑战局限

很多方案由于某些局限而无法得到实施，其中有些局限是真实的，而有些局限则是假想的。比如，假设你想买辆新车，你找到了一个中意的车型。但有一个问题，这种小轿车长 5.4 米，而你的车库只有 5.2 米长。车库的长度就是一个真实的局限。稍稍发挥一点创造力，你就可以找出解决真实局限的办法。比如，你可以把你的车库加长 20 厘米，或者把车停到别处去。

假想的局限是人们想象中的而非真实的障碍。假设你的公司出现了一个营销主管的空缺，以往的做法是从现有员工中选拔一人任此职务，而不是从公司外部寻找合适人选。这种传统的做法就是所谓的假想的局限。在设计备选方案时，应当忽略这种局限的存在（即使在最终做决策时需要将其作为一个目标考虑在内，也是如此）。为确保不漏掉一个好的方案，你需要挣脱传统和习惯的束缚。

设计方案时要假定局限并不存在，如果这样设计出的方案有足够的吸引力，也许你会知道如何付诸实施。比如某公用事业公司认为只有将一个新的发电厂建在河道附近，才能保证有足够的冷却水供应。在这一条件的局限下，公司发现所有备选方案都将耗资 15 亿美元以上，并使环境遭到较大破坏。在环保主义者的压力下，这家公司放弃了在河道附近建发电厂的思路，对方案进行了重新设计。摆脱束缚后，这家公司选定了一个方案，该方案是在内陆某地建发电厂，得从 12 英里外将水抽来用于冷却。其结果是：不但设备费用省下了 3 亿美元，对环境的破坏也较小。

**确立高标准**

确立似乎难以实现的目标，可能更有机会发现好的、不落俗套的备选方案。高标准可能迫使你以一种全新的方式进行思考，而不只是对传统做法进行细枝末节的调整。

例如，20 世纪 80 年代末，很多企业都通过削减支持保障人员数量的途径来降低成本。一个普通的标准是削减成本 15%～20%。许多企业通过将一些人工流程自动化，解聘了大量员工，实现了这一目标，他们很高兴。但后来，他们听说竞争对手的目标是降低成本 50%，并且实现了，他们就再也高兴不起来了。由于确立了高的标准，那些竞争对手被迫采用全新的思考方法，将支持和保障职能完全外包，使公司结构发生变化。确立高标准，的确可以使你的思维得到拓展。

**先进行独立思考**

在向他人咨询备选方案之前，先让你自己的思维任意驰骋一番。假如你在无意中产生了一些最原始的想法，如果马上就去问别人，而不是首先自己来关注和提炼这些想法，那你可能被其他人的想法和判断所困。有时，暂时忽略别人的意见是必要的，让你自己的创造力先自由驰骋一段时间吧。一旦你过早地引入他人的思路，特别是那些专家的思路，你便会过早地放弃自己的思想。麻省理工学院的教授诺伯特·维纳（Norbert Wiener）是 20 世纪最有创造力的天才之一，他对遇到的新问题，总是要自己先花上一些时间想一想，然后再来阅读有关的学术论文。

### 从经验中学习

你不应受历史的约束，但的确应该从中吸取经验。看一看其他人在类似情况下是怎样做的，想一想你以前是否遇到过类似情况，以及你当时设计了些什么方案（但不要把自己局限在以前想到的方案中——因为你并不想犯"让一切照旧"的错误）。例如，如果你想改建一下自己的房子，你可以到你居住的社区转一转，看看最近改建的其他房屋是怎么改的。

### 征求他人的意见

在仔细考虑了自己的决策和备选方案后，应当征求一下别人的意见。所谓旁观者清，是因为其他人不会受到概念和感情方面的束缚，对事务的认识可能会比你清楚（下面这个关于择业的例子，就是利用他人意见克服局限的一个事例）。在征求他人意见时，要找那些其他领域的人，比如你想追踪医院医疗用品的使用情况，你可以去询问当地汽车交易所的零部件销售经理，看他们是如何追踪库存的。

在和他们谈话时，要有开放的思维。这样做最大的好处可能并不来自他们提供的观点本身，而是来自你从中受到的鼓舞，来自你把思路组织起来并表述出来，来自回答问题。最后往往是你自己形成了最有价值的观点。

-------------------- **提出新的备选方案：做出更好的职业选择** --------------------

多年前，我们给一名在哈佛商学院读书的学生做过咨询。他的学费是由英国一家化学公司支付的，他以前在那家公司当过工程师，毕业后也将回到那家公司。当时，那家公司的晋升政策非常严格：工程师要工作满一定年限后才能升为经理。

这个学生感到进退两难。作为一名工程师，他努力学习的商务知识将没有用武之地，而且，他的收入不及同班同学的1/3。一家管理咨询公司向他提供了富有挑战性的工作邀请和优厚的待遇，他深受吸引，但他又感到必须遵守与那家化学公司的协议。他该怎么办？

我们向他提供了一个他从没有考虑到的方案：继续与管理咨询公司接触，同时向化学公司的老板阐明自己的想法，并提出将学费还给他们。化学公司的老板可能会对他的职位和薪水进行重新考虑。如果不予重新考虑，就接受管理咨询公司提供的职位，并将学费退还。

化学公司的确给他提供了高得多的职位和薪水，但那名学生依然觉得不如去管理咨询公司工作。于是他最终接受了管理咨询公司的工作，25年后，他已经成为一家大型国际咨询公司欧洲业务的主管（顺便提一下，那家化学公司很慷慨地谢绝由他归还学费，并祝他好运）。征求他人的意见，帮助这名学生克服了假想的局限，并设计了一个将他从两难选择中解放出来的方案。

### 让潜意识发挥作用

你是否常常在半睡半醒之间或者冲凉时突发灵感？这是因为你的潜意识会一直思考问题，在安静的时候，灵感就会突然迸发。当然，潜意识要充分发挥作用，需要时间和刺激。因此，要尽早开始考虑你的决策问题，不能拖到最后一刻。一旦开始思考，要持之以恒，不断唤醒潜意识，灵感也会随之而来。当灵感迸发时，要马上用笔把它记录下来，因为人们很容易忘掉细节。

### 先提出备选方案，再进行评估

好方案的提出，要求你能接纳各种创意。也就是说，对所有的创意，要有一个可扩展的、不受拘束的、开放型的头脑。一个创意会引出另一个创意，想到的创意越多，就越可能发现优秀创意。不好的创意几乎肯定会和优秀的创意同时出现，这是方案设计过程中的必要部分，你大可不必为此感到不安。在提出方案的时候，不要对其进行评估，因为这样会使方案设计的进程变缓，并且阻碍创造力的发挥。即使方案具有明显缺点甚至潜在的致命缺陷，也要将它列入备选方案清单。同样，如果一个方案的某些方面看上去很不错，无须对其念念不忘，还是迟一点来对其进行优化。评估将使备选方案的范围变窄。在这一阶段，你的任务是扩展思路，提出尽可能多的方案。

### 永远不要停下寻找新方案的脚步

当决策的流程进入取舍阶段，也称评估阶段，决策问题将会越来越清晰，定义也将越来越明确。评估通常会使已有方案中的缺点暴露出来，这将导致更好方案的产生。做一个有心的人，永远不要停止寻找新的方案。

举例来说。政府机关的官员正面临一项决策：必须决定是否批准在得克萨斯州的马塔哥达湾建一个天然气接收站。有好几种选址和设计方案可供选择，但即使最好的方案，也存在着发生燃气泄漏事故并造成附近社区人员伤亡的隐患。根据分析发现，最危险的时刻是在夏日的周末，那时，海湾到处都是游船，沙滩上挤满了前来游泳的人。根据这一分析显示，只需对上述方案进行小小的改动，就可以使其成为一个非常好的方案：接收站的燃气运输活动在周末暂停。稍做改动后的方案使公众的风险降低了 75%，而且并没有产生实质性的不利影响。

## 使备选方案适合于问题

正如特定款式和风格的衣服适合特定的人一样，特定的方案也适合特定的决策问题。例如，在投资决策中，不确定性和风险将对决策的结果产生重要影响，这种情况下，你可能想寻求那种通过分散投资或套期保值等手段降低风险的方案（在第 8 章中我们将对风险进行进一步探讨）。四种类型的备选方案适合于不同类型的问题，它们分别是过程备选方案、双赢备选方案、信息收集备选方案、延缓时间备选方案。

### 过程备选方案

这个名字看上去可能略显奇怪，但实际上，最好的备选方案有时只是一个过程，而不是一个明确的结果。假设你的两个室友海蒂和苏珊都是花样滑冰运动的狂热粉丝。一天，你回到宿舍时，发现你的妹妹在电话留言里说她手里有一张多出来的全国花样滑冰锦标赛的门票。她知道你晚上有别的安排，不会去看比赛，所以想把那张票留给你的某一个室友，由你来决定该给谁。基本的备选方案非常明确，那便是把票给海蒂或给苏珊中的某一个。但到底给谁，却颇伤脑筋。一个简单的办法是掷硬币，硬币正面朝上的话，给海蒂；反面朝上的话，给苏珊。掷硬币就是一个过程方案——它确立了决定由谁得到这张票的过程，而且，无论是海蒂还是苏珊，都会认为掷硬币是公平的。但如果由你自己来决定谁去看比赛，就存在着激怒其中某个室友的危险。显然，过程方案是此时的最佳方案。

过程方案在有利益冲突的情况下可以确保决策的公正性，因此有助于保持并培养长期关系。其他常见的过程方案包括：

- 选举。
- 有约束力的仲裁。
- 标准化考试成绩（要有一个及格线）。
- 密封投标。
- 拍卖。

在设计过程方案时，你可以先把最基本的备选方案列出来（例如委员会成员候选人名单）。然后确定一个恰当的选择最佳方案的过程机制（例如无记名投票）。在诸如仲裁等其他情形下，方案在事先并没有得到明确，过程本身既创造了基本方案，也做出了选择。

### 双赢备选方案

有时，设计绝佳的方案并不是问题，问题是你的决定需要其他人的同意：倘若你计划从你工作的制药公司请三个月的长假，去一个远在非洲的医院参加志愿援助活动，这对你来说，是生平难逢的好机会。你必须征得上司的同意才能离开，但他并不想让你请假。为了让他改变主意，你需要设计一个方案，既能满足他的要求，又能达到你的目的。

这里的关键是要分析上司的决策问题。他的目标是什么？你如何利用他的目标设计一个双赢的方案？假设上司接手了一项任务，要在近期负责开发出一个产品质量评估流程。他对此项任务感到很不安，因为他认为自己缺乏分析方面的深厚专业背景，而你却很适合这项工作。于是你向上司提出一项对等的交换：如果他同意你请假，你将帮他在六个月内设计并实施该评估流程，当然这会搭上你很多下班时间和周末。他同意了，于是你们实现了双赢。

使他人的方案与你自己的保持一致，也就是说，创造一个双赢的备选方案，就好比用一根火柴点燃两根蜡烛——既经济划算，又令各方都得到满足，还能解决问题。

### 信息收集备选方案

信息有助于减小决策的不确定性。比如，医生会通过查看病历、检查和化验等方式收集病人的信息，以减小诊断的不确定性。企业会通过测试新产品，以保证其性能符合设计要求。更好的信息，意味着更好的决策。

当不确定性对决策产生影响时，设计出能收集信息以降低不确定性的备选方案，是十分有益的。首先把所有的不确定性都列举出来。然后，针对每一项不确定性，列出收集所需信息的所有可能的方法。每一种方法，就是一份信息收集备选方案。有时候，备选方案很明显，而且可以可靠地评估其成本和有效性，例如货比三家和药物测试。还有些时候，你得设计适合自己需要的信息收集备选方案，例如你要对电话调查、直邮调查和市场测试这几种方法的效果和成本进行评估。

### 延缓时间备选方案

"今日事，今日毕"是决策中的一条原则，但和大多数原则一样，在必要的时候，也需要打破原则。推迟某项决策，可以给你争取多一点的时间，使你对决策问题有更好的了解，以便收集信息和进行复杂的分析，并以此驱除不确定性、降低风险。有时，你可以利用多出的时间，创造出比现有方案更好的新方案。

不过，推迟决策也要付出一些代价。一些备选方案可能会在这期间消失，例如，你上次去二手车市场看中的几辆车，过几天再去，可能已经被人买走了。还有一些备选方案可能会渐渐失去效能，例如推迟新产品的发布，可能会让竞争对手捷足先登。

有时候，先设计一个不太彻底的方案，做出部分承诺，是在暂时无法做出全部承诺时用来延缓时间的权宜之计。例如，假设某个家庭不确定今后是否一直要在缅因州度过酷暑时节，便可以先在那儿租一套房子，这样，他们就获得了以之前确定的价格来购买这座房子的选择权。租房这个备选方案，就是一个延缓时间的方案，这让他们有机会在获得房子所有权之前，先决定是否真的要在这个地区买房子。

当你对现在就做决策感到不安时，看一看截止日期是哪天。这个日子是真正的截止日期，还是一个假想的局限？推迟决策的利弊各是什么？如果利大于弊，就去寻找一个延缓时间的备选方案。但是要小心，要确保推迟决策能带来真正的好处，不要仅仅为避免不愉快的和困难的决策而推迟。

## 知道什么时候停止寻找方案

**十全十美的方案几乎不存在**，这是一个不幸的事实。不过，这并不能阻止一些人无休止地（当然也是不现实地）寻找完美的方案。设计备选方案，重要的是细致而全面，但并不是说要永无休止地寻找更好的方案。花太多时间来寻找新方案，而最终得到的可能无法补偿在时间、思想和情绪等方面所付出的代价。

那么，你怎么知道什么时候该停下寻找最优方案的脚步呢？你得将所花费的精力和所发现的方案的质量进行权衡。为保证结果的准确性，你得问自己以下这些问题：

- 你是否已使用前面提到的方法，努力构思备选方案？
- 用其中的某个备选方案作为最后的方案，是否令你感到满意？
- 你是否想出了不少方案，其中某些方案是否与其他方案大相径庭（如果你所有的方案都是类似的，你得再发挥一下创造力）？
- 是否决策的其他要素（如结果和取舍）也会使你花掉一定的时间和精力？
- 是否把时间花在其他决策或活动上会更有创造力？

如果你对所有问题的回答都是"是"，那就是时候停止寻找更多的方案了，转而把精力用在其他事务上吧。

## 扩建旧房还是另外买房（续二）

达琳和德鲁已经对他们的目标进行了认真思考，并记录下来，现在准备寻找备选方案了。

达琳建议给他们做房地产经纪人的朋友安妮打个电话，但德鲁反对："为什么我们自己不先去调查呢？也许还能省下一笔经纪人佣金。"

约翰插话说："要么我先骑车到周围转转，看看有没有要卖的房子。"

"不行，"他母亲批评他说，"你知道，以你现在的年龄，不允许独自到马路上骑车。"

但约翰转眼间又想出了另一个主意："好吧，我可以告诉我的全班同学，我们在找一座新房子，提供消息的人有奖。"

"不，约翰，不用你做那么多事。在不能确定我们是否买得起之前，还不想让全世界都知道我们想买房搬家呢。"

接下来的几个星期真是忙碌不堪。达琳和德鲁在非常有限的业余时间里，又是找报纸上的广告，又是带着约翰去参观房子。但是，广告上介绍的房子，一般都不能满足他们的期望。约翰想知道什么时候他们才能停止寻找。他父亲说："我也不知道什么时候能停下来，约翰，但我知道现在还不能停止。"

找了半天都没有任何成果，达琳和德鲁备感失败和疲惫，最终还是决定打电话给安妮。当然，他们之前的努力也没有完全白费——通过这个过程，他们更加清楚，自己和现实更加接近了。

一个星期后，达琳和安妮一起吃了顿午饭，探讨了买房子的事情。在吃甜点时，安妮对他们的讨论进行了总结："让我们来看一看，你和德鲁想买一套离你们工作单位都近的房子。你希望附近有一所好的学校，以便约翰和你们即将出生的下一个孩子得到良好的教育。你想要大一点的起居空间和大的后院，使孩子们拥有足够的玩耍空间，而你还一直想养条狗。你希望价格在你能支付的范围内，同时希望这次买房是一次好的投资。你希望我最好能帮你把贷款利率调低些，这样，你能得到利率为 5% 的抵押贷款。你还希望我能以高于市价的价格把你的老房子卖出去。最后，由于我们是好朋友，你希望我只收 4% 的佣金而不是 6% 的标准佣金。"

"我从没说过关于佣金的事，安妮。"

"但你就是这么想的。"

"你怎么知道的呢？"

"我并没有什么特异功能，只是善于观察人的行为。在我最近接触的五个客户中，有四个是我在高中时就认识的朋友，他们都向我提出了这个要求。我很有礼貌地告诉他们我不能，因为我要供我的孩子上大学。"

两人离开饭馆时，安妮说："如果你儿子约翰将来想在我的房产公司找份活干，叫他过来好了，这是我第一次听到孩子帮助父母在买房的问题上出谋划策。"

在接下来的几个星期里，德鲁一家又仔细查阅了大量广告，并且参观了好几处房子，其中有几处满足他们的很多目标，但德鲁和达琳还没有向房主开价。他们现在所处的阶段是寻找阶段，先对可能的结果产生感觉。

一天晚上，安妮打来电话，对达琳说："是时候出手了，伙计。你们不能一辈子都在窥探人家的生活中度过。下决心掏钱，怎么样？"

达琳和德鲁也觉得他们看得够多了，到了该买的时候了。对此约翰坚决支持。一天早晨，他对妈妈说，如果不赶快行动，他的小弟弟会没有地方睡觉的。

于是达琳把各种可能方案列出来。伊顿街的房子有一个大的后院，可以用来做狗舍。维德街的房子附近有一所很好的学校。西大街的房子不是太好，但价钱不错。阿默斯特的房子有点远，但周围环境还可以。最后，他们认为在学校街281号的房子需要略加修缮，但也不失为一个好的选择。

"现在我们怎么办？"德鲁问。

"我们怎样来决定？"约翰问。

（待续，见第5章）

### 案例启示

德鲁一家在寻找方案方面做得不错，首先，他们自己根据广告去看了房子（尽管这是一种非常没有效率，也不可能产生什么结果的方法），然后，他们找了房地产经纪人帮忙。他们能不能做得更好呢？我们认为可以。我们对达琳和德鲁有以下建议：

- 考虑你的目标，对每一个目标都要问"怎么做"。比如，在评价周围环境的时候，应该先把不符合他们目标的地点排除掉，比如小学的教学质量差或者上下班距离较远的房子等，这样便能缩小搜索范围，节约大量时间去参观最符合他们条件的房子。

- 在制订备选方案时方法再灵活一点。德鲁一家可以去问住在好的社区里的朋友，以及朋友的朋友，当地是否有不错的房子出售。他们也可以在报纸上登广告，说明自己正在找房子，而不是仅仅对他人的广告做出反应。这和约翰在自己班里发布消息的方法差不多，只是登广告的影响范围更大，也更有效果。

● 认真考虑什么时候应该停止寻找新方案，以进入决策阶段。这通常是一种挑战。在德鲁一家的案例中，停止寻找新方案的意见，是他们的经纪人朋友安妮提出的，正是她说"是时候出手了"，德鲁一家才马上答应。我们认为，他们再考虑考虑也许更加明智，因为只有实际的决策者才能真正说什么时候该做决策，或者自己是否已经做好了做决策的准备。

在进入下一章之前，还要记住一件事：永远不要只考虑已有的方案。德鲁一家有五个备选方案。但是，他们在对这些方案进行评估时，应该继续寻找其他备选方案。这样一来，他们在进行更加深入的分析或者和卖主谈不拢价钱时，便可以放弃全部的五个方案，这个时候，他们需要更多的选择。

CHAPTER 5

第 5 章

# 结　　果

你已经定义了问题，构建了目标，还确定了一系列的备选方案。现在，为了做出精明的选择，你得对备选方案的优缺点进行对比，评价每个方案是否符合你的根本目标。为进行比较，首先你要描述一下每个方案是否能令你满意，换句话说，你必须列出每个方案相对于每个目标会产生什么样的结果。如果你能将结果描述得很好，决策将会很明显，因而不需要再做进一步考虑了。

本章传达了一个非常简单的信息：**在你决策之前，要确保你理解了每个备选方案的结果将会是什么，如果你不清楚，将来你可能会对你所做的决策不满意。**描述结果的一个最主要好处是有助于理解，你不仅会更好地理解结果本身，而且会更好地理解你的目标甚至所决策的问题。理解越深，越有可能做出精明的选择。

## 适当准确、完整、精确地描述结果

这里有一个看似很简单的问题：在晚上看电影之前，你要先决定去哪里吃晚饭。你想在舒适的环境中吃顿美味的晚餐，不想花太多的钱，最重要的是你不想看电影迟到，因为你只有一个半小时的时间吃饭并赶到电影院。你有两个选择，一是马里奥饭馆，据说那里的菜非常可口，但环境一般，而且上菜比较慢；二是卢吉餐馆，菜的味道尚可，环境一流，上菜很快，但比较贵。两个方案中，没有任何一个能满足你所有的要求（别灰心，生活本来就是这样的），所以，你的决定取决于每个方案分别满足你哪些目标以及你对每个目标的重视程度。如果你充分描述了两个备选方案的结果，就能做出明智之选。

简单吗？一点也不。描述结果并不像最初看上去那么简单。事实上，它可能十分困难。如果描述不正确、不完整、不精确（这是最可能出现的问题），你可能会做出错误的决策。在选择饭馆这个例子中，你的描述可能会在以下三个方面出问题：

- **不正确**。万一和你听说的正好相反，卢吉餐馆的菜比马里奥饭馆好，怎么办？
- **不完整**。万一卢吉餐馆比马里奥饭馆距离电影院大约远 15 分钟，怎么办？万一马里奥饭馆不能提供酒水，而你晚饭正想喝点酒怎么办？
- **不精确**。马里奥饭馆上菜有多慢？卢吉餐馆贵多少？

讲到描述结果这个问题，我们想起了一个流传已久的笑话，说的是一家以管理混乱著称、现在已经倒闭的航空公司。一天，该公司的一架飞机降落后，对讲机里传来飞行员的声音："我们降落早了，但不知道降落在哪儿了。"如果你不能对结果进行很好的描述，即使很快做出决定，但这个决定，很可能不是正确的选择。

## 构建一张结果表

为能做出明智之选，秘诀是对结果进行尽量精确的描述，但不应过度拘泥于细节。如何把握这个度呢？可以采取以下四个步骤。

### 第一步：想象未来的场景

由于现在的决策会对将来（通常是几个月或几年后）产生影响，在考虑其结果时，需要在大脑中把时间调到将来。在考虑每一个备选方案时，不要只想你可能会选它，而要想象你已经选了它。例如，应该想象你已经根据建筑师提供的计划扩建了你的房子，问问自己在扩建后的房子中生活会是什么样的：平常是什么样的？周末是什么样的？夏天是什么样的？冬天是什么样的？有客人来时是什么样的？当孩子长到 3 岁时，情况又会怎么样？把自己放在未来，可以使你更加关注决策的长期结果而不是短期的结果，有助于你提高对结果描述的准确性。

### 第二步：对每一个备选方案进行一番自由的描述

用最能表现其特征的词汇和数字来记录每一个结果。

- 收集有用的信息（比如求职者的简历），并写下你的主观判断（比如"迫切需要"该求职者或者求职者"能胜任"）。
- 能用准确数字描述的时候用数字（求职者希望的年薪是 3.7 万美元），否则用词汇来表述（有较强的计算机和分析技能）。如果图表（包括表格、照片、符号）更能说明问题并能保持连贯性，就用图表（例如，你可以用一个旅行箱的图标说明求职者喜欢旅行）。

- 将描述与目标清单进行对照。你的描述是否把所有的目标都考虑进去了？如果有些目标被遗漏了，你得对描述进行补充。是否有的描述能引出一个以前从未提到过的目标？如果有，要看一看你是不是没注意到这个目标，而它又确实有必要。如果是，你也把它运用到别的方案中（把目标做成一个核对表对结果进行自由式描述，有助于发掘出未被注意到的目标）。

### 第三步：排除明显不利的备选方案

很多情况下，这一步可以节约大量的时间，有时，采用这种方法甚至可以直接形成决策。实际上，这有点类似于玩"森林之王"游戏，通过持续打擂台，最终选出森林之王。

- 拿出两个方案，选择其中一个作为暂时的"国王"，把它当成最初的擂主。比如，你在考虑买电脑时，会拿你现有的电脑和你想买的新型号进行一番比较。
- 拿这个"国王"与其他备选方案进行一一对照（一个也不能漏掉），比较两个方案的优劣。如果有一个方案明显比老"国王"强，则将老"国王"排除，并使这个方案成为新的"国王"，再用其他备选方案与新"国王"来做对比。如果两个备选方案都无法排除，那就把另一个方案也保存下来，继续拿其他方案和老"国王"进行对比。
- 继续按照以上方法逐一对比。整个过程结束后，如果某个方案明显优于其他备选方案，那么它就是最终方案。如果无法形成最终方案，继续进行下一步。

### 第四步：将剩余方案的描述做成一张结果表

你可以用笔和纸来做，也可以用计算机中的制表功能，把目标列在纸的左边，将备选方案列在上边，这样就形成了一张空表格。在表的每一个格子中写下对特定目标（用行表示）和特定方案（用列表示）的简要描述。你可以用数字定量地描述某些结果，也可以用语言定性地描述某些结果。重要的是对特定目标的所有结果都使用统一的描述方法——换句话讲，每一行都要用同一种方法进行描述。现在，再将方案进行两两对照，将较差的备选方案排除掉。如果通过这一步，你有了一个明确的结论，恭喜你！如果还没有一个明确的结论，你可能需要进行取舍，我们在下一章将对此进行详细讲解，在取舍环节结果表也将是一个十分重要的工具。

## 用结果表对比备选方案

为了阐明结果表的作用和意义，让我们来看一看由一个名叫文森特·萨希德的年轻人制作的结果表。文森特是家里的独子，母亲已经去世，只留下病重的父亲和他。他是一名商务专业的大学生，为了帮助父亲治病，他打算休学一段时间。为使休学期间的生活不至于太拮据，文森特需要找份工作。他要找的工作，得有较高的收入、较好的福利，还可以休假。工作应该是比较愉快的，在他回到学校时，还能积累一些有益的经验。另外，由于父亲的病，他需要工作时间有一定的弹性，以便处理紧急情况。在颇费了一番功夫后，文森特找到了五个可能的职位。每个职位针对他的不同目标，结果有很大不同，他将这些结果列了一个表（见表5-1）。

表 5-1　文森特·萨希德求职决策结果表

| 目标 | 备选方案 | | | | |
|---|---|---|---|---|---|
| | 工作 A | 工作 B | 工作 C | 工作 D | 工作 E |
| 月收入（美元） | 2 000 | 2 400 | 1 800 | 1 900 | 2 200 |
| 工作时间的弹性 | 中等 | 低 | 高 | 中等 | 没有 |
| 可以培养的技能 | 计算机 | 管理，计算机 | 运营，计算机 | 组织 | 时间管理，多项工作 |
| 假期（每年的天数） | 14 | 12 | 10 | 15 | 12 |
| 福利 | 医疗保险，牙医，养老保险 | 医疗保险，牙医 | 医疗保险 | 医疗保险，养老保险 | 医疗保险，牙医 |
| 工作内容 | 非常愉快 | 愉快 | 愉快 | 非常愉快 | 乏味 |

　　如你所见，结果表将许多信息列举在一个简洁整齐的表格中，建立了一个清晰框架，使你可以很容易地根据每个目标将各个方案进行对比（如果可能的话，还可以取舍）。此外，它确立了一些原则，迫使你把所有对于备选方案、目标和结果的考虑放入一个简洁的框架中。尽管构建这么一张表并不是很难，但奇怪的是，人们往往不愿意花点时间把复杂决策的所有要素都列在纸上。没有结果表，一些决策中的关键要素可能会被忽视，对比的随意性也会较大，从而导致错误的决策。

## 掌握描述结果的技巧

　　正如决策的其他方面一样，描述结果也需要不少技巧。为提高你的水平，试一试下面这些方法。

### 先试后买

我们用这句俗话，是想提醒你，如果有可能的话，在选定某个备选方案之前，先对其结果有一个感性认识。假设你在开了很多年轿车后想买一辆面包车，你可以先租一辆开，或者从你朋友那里借一辆先试试。经过真实体验得到的结果，会很有意义。另外，你可能发现自己从未想到过的结果，比如，面包车或许很难停到你的小停车场里。

先试后买的方法有很多种。如果你考虑是否去某所大学念书，你可以先在校园里过一夜，在食堂里吃顿饭，试着上几堂课，再和学生交交朋友。当你考虑买一座新房子的时候，可以先开车试走一遍从你上班的地方到这座房子的路线。在你设计一个新的烤面包机时，可以先造一个模型，或用电脑把它先画出来。

### 用同一标尺去描述结果

有时，用词语描述结果，不管语言组织得多么合理，都无法充分表达，因而不利于决策。在这些情况下，统一的标尺会帮助你更清楚地描述结果，使决策变得简单。

能够对目标的实质进行衡量的标尺才是有帮助的。诸如美元（在衡量收入或产品成本时）、百分比（在衡量航班正点飞行率时）、英亩⊖（在衡量野生动物保护区的面积时）等标尺，显然具备这一特点。但是，如何衡量那些诸如公司的商誉、组织的士气或者个人的痛苦等相对无形的东西呢？可以采用以下两种方法：

---

⊖　1 英亩 = 4046.856 平方米。

- 选取一个能够体现相关目标实质的有意义的标尺。文森特·萨希德的目标之一是工作时间的灵活性，结果表显示了他对这一因素的一般估计，但他能不能对这一目标进行更准确的衡量呢？可以。例如，有多大比例的工作时间在不用请示上级的情况下就能自行安排，可以作为他衡量工作时间弹性的一个标尺。

- 创建一个能直接衡量目标的主观标尺。你会经常进行或接受基于主观标尺的决定：学校中的成绩是用 A ～ F 的标尺来测量的；滑雪的雪道不同难度的等级，则用绿色圆圈、蓝色方块、黑色菱形分别表示；标准普尔对债券风险的评级，也有各种等级。自己来创建标尺，要根据区别结果间明显不同的需要来确定标尺级别。有时候只需要一个仅有两个点的标尺（例如要在一个治疗方案中注明需要还是不需要处方药）。

试一试上面的方法，为难以直接度量的目标选取或创建标尺，有一个明显的好处：它将迫使你对目标的真正意义产生更明确的认识。

### 不要过分依赖硬数据

只要数据是可靠的、一致的、相关的，就要多用数据。但不要仅仅因为数据看上去很“客观”或者数据比较容易得到，就过分重视数据。

- 要足够重视无法用数据度量的目标。例如，决定在哪里建高速公路时，不要仅仅因为成本可以用数据来衡量，对环境的影响无法用数据来衡量，就重视前者而轻视后者。

- 不管硬数据是否容易得到，要选择与目标相关的标尺。例如，在决定住在哪里时，最好以"每日上下班时间长短"为标尺，而不要用虽然比较好度量但不能说明什么问题的"住所到公司的距离"为标尺。

## 充分利用可用的信息

有时候，数据（比如文森特·萨希德的每个就业机会的可能收入）是可获得的；另外一些时候，数据却无法得到（比如文森特·萨希德对不同工作的喜欢程度），这时，就需要自己进行判断。还有一些情况下，尽管你掌握了少量的数据，但你还得通过自己的判断来做补充，并且进行一些逻辑推理。假设你正在为全家去澳大利亚和新西兰旅行四个星期而进行规划。在其他情况相同时，你的一个重要目标很可能是最大限度地降低旅行的总成本，这就需要对旅行中发生的各项成本进行估计。对于机票，你可以得到准确的数据；至于住宿费，你可以按平常居住的旅馆的平均费用来进行计算；旅行社将帮你估算伙食费；你还得对旅行中各种活动的费用进行预估。其中的一些费用的数据是可以得到的，但另一些数据可能就要靠估计了。最后，你需要把所有这些费用加总起来（这时需要一些逻辑推理），以估算旅行的全部费用。

## 明智地咨询专家

很多时候，其他人（我们称其为"专家"）会比你更清楚结果将会怎样。会计和税务律师可能比你更了解以你的名义或以你孩子的名义进行投资的各种细节。还有，你9岁的儿子也许比其他人能更准确地判断某件生日礼物是否会使他8岁的表弟开心。

在咨询他人时，不但要理解他们提供的结果，而且要明白他们是如何得到这一结果的。你得搞清楚结果背后的数据、判断和推理，这在你向家人、同事或其他人解释或证明某项有争议的决策时格外重要。

### 选择反映一定精度的标尺

对结果的描述，要把握一定的精确度，过于精确和过于不精确，都是不合理的。例如，估计成本为 33 475 美元，就过于精确了，这时，如果把成本描述为 33 000 美元上下浮动 10%，反而更好一些。

在另一些情况下，人们会犯相反的错误，建立了过于不精确的标尺。尽管这么做可以使事情简单化，但会掩盖许多有意义的差别。有个例子能很好地说明这个问题。假设州高速公路的工程师正在审查一个五年计划，其中包括数百座桥梁的更新和维修项目。他们最初对每座桥梁成本的估计为 50 万～ 2000 万美元，上下浮动 20%。由于担心估计不够准确，工程师创建了一个三个点的标尺用来比较成本：A 表示"不贵"，B 表示"中等"，C 表示"贵"。遗憾的是，这个分类反映的成本范围过于广阔，以至于掩盖了已经获得的精度。例如，B 等的范围包括从 300 万～ 1000 万美元，这就使得当初 20% 的浮动显得微不足道。

### 正面应对重大的不确定性

没有人能肯定结果一定会是什么样的，这就是所谓结果的不确定性。在不确定性较小时，你通常可以对结果做出大致估计。比如在买车时，如果不讨价还价，你不会知道实际价格，但是，进行合理的估计，有助于缩小挑选的范围，甚至有助于决策。很多情况下，较小的不确定性不会影响决策。但是在另外一些决策中，不确定性可能使你无法对结果进行充分的描述。在投资、保险、复杂的医学或法律事务决策中，你希望能把不确定性搞清楚。这是我们在第 7 章要讨论的问题。

案例

## 扩建旧房还是另外买房（续三）

德鲁一家已经准备出价买房了，但是买哪套房子，花多少钱呢？为了更容易决策，达琳和德鲁将他们对五套备选的房子所做的笔记进行了回顾，将其做成了支持和反对的清单，由于每套房子的笔记都有好几页，做出来的清单过于庞大。德鲁反对说："内容太多太细了，我得把它们做在一张表上进行对比。我们知道我们的目标，学校的位置、上下班时间，等等，怎么按照每个目标把这些房子的资料放在一块进行比较呢？"

达琳也认为，他们需要采取可用性强一些的格式。利用她以前做的"我们想要的房子应当有哪些优点"的清单（见第3章）和笔记，达琳将他们的目标分解出了一些子目标。达琳重新做了一张表，对六个目标的结果进行了对比。在纸的左边，列举所有目标和子目标，在纸的上边，列举五套备选的房子。在有的地方，她用词语来描述结果（比如在描述操场时用"差""不错""非常好"，等），在其他一些地方，她用数字来描述（诸如上下班时间和院子的大小，等）。

德鲁一家和他们的经纪人确定，现在学校街的房子（假设在后面加一间卧室），其要价为17.5万美元，这是相当公平的。将结果列出来的工作十分费时，但达琳认为值得，因为买房是这个家庭将要做出的一项最重大的决策。

达琳自豪地将结果向丈夫展示："你想要一张表，这就是（见表5-2）。"

德鲁被这张表深深吸引住了。尽管表中的有些描述过于简单，他需要进一步的解释，但他弄明白了表中的条目，对此表示赞同。约翰甚至也能看懂。

这张表很有用，伊顿街的房子明显不如其他房子，德鲁和达琳把它排除了，但他们仍做不了最后的决定。

（待续，见第 6 章）

表 5-2　德鲁一家新房子的结果表

| 目标 | 子目标 | 方案 | | | | |
|---|---|---|---|---|---|---|
| | | 阿默斯特 | 伊顿街 | 学校街 | 维德街 | 西大街 |
| 好的地理位置 | 德鲁的上下班时间（单程） | 40 分钟，不稳定 | 30 分钟，紧张 | 20 分钟 | 15 分钟 | 30 分钟 |
| | 达琳的上下班时间 | 25 分钟，紧张 | 20 分钟，一般 | 25 分钟，宽裕 | 20 分钟 | 15 分钟 |
| | 约翰到学校的距离 | 10 分钟公共汽车 | 10 分钟公共汽车 | 走两个街区 | 走 5 分钟 | 走四个街区 |
| | 到商店的距离 | 乘汽车 5 分钟 | 开车 3 分钟 | 走路不远 | 走路不远 | 走路较远 |
| 学校质量 | 高于州平均水平百分比 | 90 | 65 | 55 | 95 | 70 |
| | 基础知识（读写、数学、科学） | 很好 | 一般 | 差 | 很好 | 好 |
| | 音乐课 | 好 | 可以 | 没有 | 优秀 | 尚可 |
| | 体育课 | 优秀 | 差 | 很好 | 好 | 好 |
| | 中学质量 | 很好 | 好 | 好 | 一流 | 好 |
| 社区质量 | 犯罪 | 一些 | 中等 | 少 | 少 | 中等偏高 |
| | 交通 | 很安静 | 高峰期中等 | 中等 | 高峰期中等 | 中等偏高 |
| | 操场 | 很棒 | 一般 | 充分 | 相当好 | 差 |
| | 体育设施 | 优秀 | 充分 | 可以 | 充分 | 好 |
| | 附近小孩 | 一些 | 很少 | 很多 | 很多 | 有一些 |
| | 邻居 | 新朋友 | 令人乏味 | 志趣相投 | 易于相处 | 看上去还不错 |

（续）

| 目标 | 子目标 | 方案 | | | | |
|---|---|---|---|---|---|---|
| | | 阿默斯特 | 伊顿街 | 学校街 | 维德街 | 西大街 |
| 房屋质量 | 卧室 | 4个（2个小卧室） | 4个小房间 | 3个小房间 | 3个大房间 | 3个中等房间 |
| | 浴室 | 很好 | 足够大 | 不好 | 好 | 有问题 |
| | 厨房 | 令人愉快 | 好 | 好 | 令人愉快 | 是房子里最好的部分 |
| | 客厅 | 足够大 | 可以 | 可以 | 大，有壁炉 | 小 |
| | 维修需要 | 情况良好 | 糟糕 | 情况不好 | 需要维修 | 中等 |
| | 整体美感 | 令人愉快 | 尚可 | 差 | 令人满意 | 较好 |
| 院子 | 大小（平方尺） | 3 000 | 5 000 | 1 500 | 4 000 | 2 000 |
| | 花园（树、灌木） | 形状好 | 普通 | 很差 | 需要维修 | 需要照看 |
| | 是否适于养狗 | 好 | 很棒 | 不好 | 好 | 差 |
| | 是否适于孩子 | 完美 | 好 | 一般 | 可以 | 较差 |
| 成本 | 出价（美元） | 225 000 | 240 000 | 175 000 | 195 000 | 180 000 |
| | 房产税（美元/每年） | 3 500 | 3 200 | 2 500 | 2 500 | 2 300 |
| | 其他 | 维护成本低，具有升值潜力 | | 维修成本高，需要修缮 | 维修成本中等 | |

## 案例启示

德鲁一家选房子的工作已经取得了不小的进展。通过达琳的努力，使他们可以很容易地对每一个目标的结果进行对比。尽管结果表并没有给他们带来一个明显的选择，但确实帮他们将其中的一个备选方案（伊顿街的房子）排除掉了，因为这座房子至少明显比其他房子中的某一套更差，因此是应当排除的坏选择。

在这个阶段，以下建议也许有益于德鲁一家：

- 为某些目标辨别或创建标尺。标尺既可以使一些目标的意义变得清晰，也有利于剩余目标的比较。以"犯罪"为例，德鲁一家考虑的是对人身的伤害，还是对个人财产的侵犯，还是对公物的破坏，还是以上各项都包括？能不能拿到每个街区每一种犯罪每年发生的次数的数据？德鲁一家是否可以为每个街区创造一个犯罪指数？如果犯罪率是主要的考虑，这么做就是值得的。即使不能真正创造出一个犯罪指数，通过讨论如何度量犯罪率，至少将使他们对这个问题有一个更清楚的认识。

- 核对每个结果，以确保其准确性和稳定性。约翰是小学三年级学生，他现在去学校需要走 5 分钟，但 3 年后，他将去读中学，而到当地中学需要步行 20 分钟，因此，用 5 分钟作为对结果的描述是不准确的。德鲁一家得多从长远打算。

- 核对一下每个结果是否完整。描述约翰将要上的中学质量的结果没有列出，在评价每套房子时，这个内容应该加上。要核对所有结果的准确性。比如，对于目标"花园（树、灌木）"的描述（需要处理），就得费一番解释才能明白是什么意思。最好包括对处理工作的时间和成本的估计。

- 对剩余的备选方案进行两两比较，将每一个方案的优点和缺点都列出来。将方案进行两两比较，比起把四个方案放在一块进行比较，要容易操作得多，而且，两两比较经常能找出可以被排除掉的备选方案，有时还能引出一些新的信息，使决策者可以找到一个最好的方案。至少它能帮助明确剩余方案的相对优缺点。

# 第 6 章

# 取　舍

　　此时此刻，你已将方案的结果进行了比较，可能已经排除了一些不好的选择，剩下的备选方案看上去各有所长：**备选方案 A 可能在某些方面优于备选方案 B，但在另一些方面却不如备选方案 B**。重要的决策经常会遇到冲突的目标，所谓鱼和熊掌不可兼得，对此你必须进行取舍。为了在其他目标上得到更多回报，你得在某些目标上做出牺牲。

　　例如，20 世纪 80 年代初，美国政府为减少汽油消耗，限制汽车时速最高不得超过 55 英里。这个限速规定，同时还使得高速公路伤亡事故减少。但是十年后，人们对这一限制展开了辩论。反对者认为，石油危机早已过去，今天的汽车也比十年前的汽车燃油效率高得多，应当提高限速标准，使驾车人可以更快地到达目的地。有些参与者则认为，各州应当有权制定本州的最高时速限制。

　　每一种观点都强调了不同的目标：减少事故、便利性和各州的权力。很难在这些目标之间找到平衡，但如果不试图去平衡，又不行。假设我们一致认为，55 英里的限速标准被证明可以减少事故，但如果我们的目标仅仅是减少事故，很快就会有人建议把限速标准确定为 45 英里。那么 35 英里每小时，甚至 20 英里又如何呢？毕竟，每一次降低限速标准，都会使伤亡进一步减少。然而，到了某一点，其他的目标就会开始发挥作用。绝大多数人不会接受 20 英里的时速限制，事实上，他们会以是不是便利或各州的权力（或者两者都包括）为理由，来强烈反对这一限速规定。难就难在这里，**具有多个目标的决策，不能通过只强调其中的某个目标来解决**。

当你的确只有一个目标时，决策就很简单。例如，你想以最便宜的价格从纽约坐飞机到旧金山，只需找到票价最低的航空公司买票就可以了。但只有一个目标的决策很少见，甚至可以说几乎没有。通常，你会同时追求几个不同的目标，既想买一张便宜的飞机票，同时又希望起飞的时间比较合适，最好是直航，而且航空公司有良好的安全记录。与此同时，你也许还想要一个靠近过道的座位，并在现有账号里积累你的飞行里程数。这样一来，决策就变得复杂多了。因为你不可能同时实现所有目标，而是被迫在这些目标之间找到平衡，你必须进行取舍。

进行明智的取舍是决策过程中一项最重要也是最困难的挑战。备选方案越多，追求的目标越多，需要进行的取舍也就越多。决策之难，并不在于需要进行的取舍为数众多，而在于每一个目标都有它自己的比较基准。对于某些目标，你可以用精确的数字或百分比（34%、38%、53%）对备选方案进行比较。对于另一些目标，你可能得对大致关系进行判断（高、低、中）。还有一些目标，你可能得用纯粹的描述性词语（黄色、橙色、蓝色）。也就是说，你不仅要在苹果和橘子之间进行比较，而且还要在苹果、橘子和大象间进行比较。

如何在这些区别如此显著的事物中进行取舍呢？这便是我们在这一

章中要向你展示的主要内容。

## 找出并排除劣势方案

第一步要看在进行艰难的取舍之前，能不能先排除一些现有的备选方案。备选方案越少，所需进行的取舍就越少，决策也更容易。要找出可以排除的备选方案，只需遵循以下这条简单的规则：如果备选方案 A 在某些目标上优于备选方案 B，且在其他目标上不比备选方案 B 差，那么，就可以排除备选方案 B。在这种情况下，我们说备选方案 B 被备选方案 A 占优。也就是说，相对于备选方案 A，它只有劣势，没有优势。

假设你想周末去外面放松一下，有五个可以去的地方，而你抱着三个目标：花钱少、天气好、旅行时间短。在分析这些选择时你注意到，备选方案 C 和备选方案 D 相比，花钱更多、天气更差、所需旅行时间一样长。那么，备选方案 C 就是劣势方案，应当排除。

在考虑两者是否存在优劣关系时，不能过于僵化。例如，在对备选方案进行进一步比较时，你可能会发现备选方案 E 比备选方案 D 花钱多一些，天气差一些，只是在旅行时间上稍稍占些优势——去 E 地要比去 D 地少花半个小时。你可能很容易得出结论，E 在时间方面的小优势，是无法与天气和费用方面的劣势相提并论的。因此，备选方案 E 实际上是被备选方案 D 占优（我们将这称为"实际占优"），你也可以将备选方案 E 排除。通过寻找优劣关系，你已使决策变得简单多了，只需从三个而不是五个方案中进行选择。

上一章讨论的结果表，为我们提供了一种有助于比较的框架，能够帮助我们辨别优劣关系。但如果有太多的备选方案和目标，表中的信息量就会太大，难以发现其中的优劣关系。让我们回顾一下上一章中文森特·萨希德的结果表，你便会明白这个道理。为了能更容易地找出优劣关系，你应该再建一张表，在新表中，用简单的排序来替代对结果的描述。

通过逐行分析（也就是一个目标接着一个目标地分析），找出最能满足你目标的结果，以数字 1 表示；找出第二好的结果，以数字 2 表示；以此类推。直到所有备选方案的结果都经过排序。比方说，文森特在考虑"假期"这一目标时，15 天排第一，14 天排第二，两个 12 天并列排第三，10 天排第五。当他由定量目标转向定性目标时，需要多费一番脑筋，因为定性目标需要经过主观判断才能排序。例如，在评估"福利"目标时，他认为牙医比养老保险重要，于是按此进行了排序。文森特的排序如表 6-1 所示。

表 6-1　文森特·萨希德的求职决策：根据每个目标对备选方案进行排序

| 目标 | 备选方案 | | | | |
|---|---|---|---|---|---|
| | 工作 A | 工作 B | 工作 C | 工作 D | 工作 E |
| 月收入 | 3 | 1 | 5 | 4 | 2 |
| 工作时间的弹性 | 2（并列） | 4 | 1 | 2（并列） | 5 |
| 可以培养的技能 | 4 | 1 | 3 | 5 | 2 |
| 假期（每年的天数） | 2 | 3（并列） | 5 | 1 | 3（并列） |
| 福利 | 1 | 2（并列） | 5 | 4 | 2（并列） |
| 工作内容 | 1（并列） | 3（并列） | 3（并列） | 1（并列） | 5 |

利用排序表，很容易发现优劣关系。文森特发现，工作 E 明显劣于工作 B——在四个目标上都比工作 B 差，在两个目标上与工作 B 相同。对比工作 A 和工作 D，文森特发现工作 A 在三个目标上优于工作 D，在一个目标上（假期）劣于工作 D，还有两个目标持平。当一个备选方案相

对于另一个备选方案，仅有一个方面占优势时（就像工作 D），根据实际占优理论，它很可能是一个应当被排除的备选方案。在这个例子中，文森特可以很容易地做出判断：工作 D 在假期方面一天的优势，无法和它在收入、技能培养和福利方面的劣势相提并论。因此，备选方案 D 被备选方案 A 实际占优，应被排除。

使用排序表来排除劣势方案，可以节省你很多精力，甚至直接得出最终的决策。如果除了一个备选方案外，其他的备选方案都是劣势方案，那么，剩下的这个，便是你的最佳选择了。确定优势关系的过程，也避免了你不幸选中劣势方案的可能性，因为它们已经不在考虑范围之内了。

## 运用等价置换法进行取舍

如果你还有两个以上的备选方案要考虑，就得进行取舍了。在这个问题上，让我们暂时回到过去，看一看美国圣人本·富兰克林（Ben Franklin）是怎么描述决策取舍的。200 多年前，富兰克林的朋友、著名科学家约瑟夫·普利斯特列（Joseph Priestley）遇到一个艰难的抉择，他写信给富兰克林，询问在两个备选方案中该选哪一个。富兰克林认识到，选择将取决于普利斯特列的目标，以及他根据这些目标对两个备选方案进行的评估。于是富兰克林并没有直接向他提建议，而是向普利斯特列讲述了一个可以帮助他选择的合理的过程。下面就是富兰克林 1772 年 9 月 19 日发自伦敦的信。

亲爱的阁下：

你就如此重要的事情来征询我的意见，由于对事情的前提不甚了解，我无法建议你做出什么样的决定，但如果你愿意的话，我会告诉你如何做决定。

困难的问题之所以困难，主要因为我们在考虑它们时，所有支持和反对的理由，并不是同时出现在脑海里；但有时候是一套理由出现，其他时候则是另一套理由浮现。于是，各种不同的目标或意见交替获胜，由此产生的不确定性，令我们感到困惑。

为了克服这种困难，我的方法是：取一张纸，在中间画一条线，将其分成两栏，一栏写上支持的观点，另一栏写上反对的观点。然后利用三四天时间进行考虑，其间，在不同的项中记录下在不同时间想到的对不同主题的支持或反对观点的要点。

我把所有这些理由都放在一块，尝试着估计每个理由的权重，当我发现有两个理由（一边各一个）的权重看上去相等时，我便把两个理由都划掉。如果我发现一个支持的理由等于两个反对的理由时，我便把三个理由都划掉。如果我判断两个支持的理由等于三个反对的理由时，我便把五个理由都划掉。经过这样一个过程，到最后只剩下几个理由。如果经过一两天的进一步考虑，两边都没有出现新的重要理由，我再根据这些理由做决定。

尽管对理由的权重无法进行精确的数学定量，但当所有理由都呈现在我面前，并且我对它们中的每一个都进行了单独分析和比较分析后，我想我能做出更出色的判断。我通常不愿匆忙间做出决定，事实上，我发现这种等价法优点很多，我一般称之为"公正代数法"（moral or prudential algebra）。

衷心希望你能做出最好的决策。

本·富兰克林

本·富兰克林提供了将复杂问题简单化的奇妙方法。他每次删去支持和反对理由清单中的问题时，用等价的但简单一些的问题进行替代。通过不断调整清单，最终得到一个明确的选择。尽管富兰克林没有明确表明他使用了目标清单，但在对他朋友提建议时他提到"由于对事情的前提不甚了解"以及他处理支持和反对理由侧重的方法，清楚地表明他的确运用了目标清单。

结果表的运用，能够把富兰克林关于"公正代数法"的观点引申到对多个备选方案的选择。在以下的内容中，我们将向你演示如何像富林克林那样用简单的决策问题代替复杂的决策问题，我们称这种方法为**等价置换法**。我们将首先讲述如何使用等价置换法，通过只包含两个备选方案和两个目标的简单例子来演示，然后将其运用于包含多个目标和备选方案的复杂情况中。

## 等价置换法的核心

什么是等价置换法？为解释这一概念，我们得首先阐述决策工作中一条明显且根本的原则：如果对于某一目标，所有备选方案都是相等的（例如，所有备选方案的成本都一样），那么，在这些备选方案中进行选择时，可以忽略这个目标。例如，倘若所有航空公司从纽约到旧金山的票价都相同，那么，票价就不是问题，你的决定将取决于其他的目标。

等价置换法提供了一种调整不同备选方案的结果的方法，一旦某个特定目标下每一种备选方案的结果都是等价的，那么，该目标就与决策不相关了。正如其名字所暗示的那样，等价置换增加了一个备选方案在一个目标上的价值，而等量地降低了这个备选方案在另一个目标上的价值。例如，如果美洲航空公司从纽约飞往旧金山的票价比大陆航空公司贵 100 美元，你可能愿意节约 100 美元的票价，以便和 2000 英里的累计飞行里程相交换。换句话讲，你愿意"支付" 2000 英里的累计飞行里程来换取票价的降低。这样一来，美洲航空在成本目标上的得分和大陆航空一样了，于是，票价与决策也就没有关系了。优劣关系可以使你排除一些备选方案，等价置换法则可以使你排除一些目标。在一些目标被排除后，再利用优劣关系排除更多的备选方案，决策就变得容易多了。

## 等价置换法的运用

让我们先在一个相对简单的问题上运用等价置换法，看一看该方法是如何应用的。假设你正在巴西经营一家可乐公司，好几家别的公司表达了他们对购买你公司装瓶业务特许权和销售你的产品的兴趣。你的公司目前占有 20% 的市场份额，上一财年利润为 2000 万美元。在新的一年，你有两个目标：提高利润和增加市场份额。由于存在启动成本，你估计，发放装瓶业务特许权，将使公司利润下降到 1000 万美元，但市场份额将上升到 26%。如果不发放装瓶业务特许权，公司利润会增加到 2500 万美元，而市场份额将只上升到 21%。你把所有这些信息列入一个结果表（见表 6-2）。

表 6-2　可乐公司市场战略选择的结果表

| 目标 | 备选方案 | |
| --- | --- | --- |
| | 发放特许权 | 不发放特许权 |
| 利润（万美元） | 1 000 | 2 500 |
| 市场份额（%） | 26 | 21 |

　　哪一个是精明的选择？如表 6-2 所示，这个决策可以归结为不发放特许权引起的 1500 万美元利润的增加，是否比发放特许权引起的 5% 的市场份额的增加更有价值。为了解决这个问题，你可以按以下简单步骤运用等价置换的方法。

　　**首先，确定为删除某个目标，必须做什么变动。**

　　如果你能抵消不发放特许权所带来的 1500 万美元的利润优势，要做的决策将仅仅取决于市场份额。

　　**其次，估计需要另一目标多大幅度的变动，才能补偿需要的变动。**

　　你必须确定市场份额必须增加多少，才能补偿利润下降 1500 万美元的损失。对市场份额增加的长期利益进行仔细分析后，你确认，必须增加 3% 的市场份额。

　　**第三，进行等价置换。**

　　在结果表中，你将不发放特许权的利润减少 1500 万美元，将其市场份额增加 3%，达到 24%。表 6-3 代表着调整后的结果（1000 万美元的利润和 24% 的市场份额），它与最初的结果（2500 万美元的利润和 21% 的市场份额）是等价的。

表 6-3　可乐公司的等价置换

| 目标 | 备选方案 | | |
| --- | --- | --- | --- |
| | 发放特许权 | 不发放特许权 | |
| 利润（万美元） | 1 000 | 2 500　1 000 | |
| 市场份额（%） | 26 | 21　24 | |

　　**第四，将已经不相关的目标删去。**

　　既然两方案的利润是相同的，利润因素将不在考虑范围之内。现在问题归结到市场份额。

**最后，排除劣势方案。**

新的决策尽管和老的决策等价，但现在变得很容易了。发放特许权可以占有较多的市场份额，是个显而易见的可行选择。

对于这家可乐公司来说，只需进行一次等价置换，就可以找出好的备选方案。但在实际应用中，通常需要进行好几次——经常是很多次的等价置换。等价置换法的好处在于，无论你要对多少个方案和目标进行取舍，总能有条不紊地减少需要考虑的目标数量，直至明确的选择出现。换句话说，这种方法是一个迭代的过程。你在进行等价置换（削去目标）和确定优劣关系（排除方案）间反复切换，直至只剩下一个方案。

## 用等价置换使复杂的决策简单化

我们已经讨论了等价置换法的每一个步骤，现在，让我们把它应用到复杂一点的问题中去。艾伦·米勒是一位电脑专家，三年前他开了一家技术咨询公司。头一年，他在自己家里工作，随着业务的增长，他在皮尔波特办公区租了一个办公室，租期为两年。现在租约快要到期了，他得决定是续租还是换个地方。

在对业务发展的前景进行深思熟虑后，艾伦确定了办公室的五个根本目标：上下班时间短、贴近客户、办公服务好（有办事员的协助，有复印机、传真机、信件服务等）、空间大、成本低。他考察了十几个地点，排除掉了那些明显不能符合他要求的地点，确定了五个可能的选择：公园路、朗巴德、拜拉诺、蒙大拿和他现在的地点皮尔波特。

然后他做了一张结果表（见表 6-4），将每个备选方案对于不同目标的所有结果列在表内，对每个目标都使用了不同的衡量标尺。他用在高

峰时期上班平均要花多少分钟来描述上下班时间。他用现有客户在中午
吃饭的一小时内能赶到的比例来衡量对客户的贴近程度。他简单地将办
公服务分为三等：A代表完全服务，包括复印机、传真机、电话接听、
收费秘书服务等；B只包括传真机和电话接听；C代表没有服务。办公室
大小用平方英尺衡量，成本用月租金衡量。

表6-4　艾伦的办公室选择：结果表

| 目标 | 备选方案 | | | | |
|---|---|---|---|---|---|
| | 公园路 | 朗巴德 | 拜拉诺 | 蒙大拿 | 皮尔波特 |
| 上下班时间（分钟） | 45 | 25 | 20 | 25 | 30 |
| 贴近客户 | 50 | 80 | 70 | 85 | 75 |
| 办公服务 | A | B | C | A | C |
| 办公室大小（平方英尺[一]） | 800 | 700 | 500 | 950 | 700 |
| 成本（美元） | 1 850 | 1 700 | 1 500 | 1 900 | 1 750 |

为简化决策过程，艾伦先通过寻找优劣或实际占优关系排除一些方
案。为了使这一过程简便易行，他按结果表中的描述创建了一个排序表
（见表6-5）。

表6-5　艾伦的办公室选择：就每个目标对备选方案进行排序

| 目标 | 备选方案 | | | | |
|---|---|---|---|---|---|
| | 公园路 | 朗巴德 | 拜拉诺 | 蒙大拿 | 皮尔波特 |
| 上下班时间（分钟） | 5 | 2（并列） | 1 | 2（并列） | 4 |
| 贴近客户 | 5 | 2 | 4 | 1 | 3 |
| 办公服务 | 1（并列） | 3 | 4（并列） | 1（并列） | 4（并列） |
| 办公室大小（平方英尺） | 2 | 3（并列） | 5 | 1 | 3（并列） |
| 成本（美元） | 4 | 2 | 1 | 5 | 3 |

---

[一]　1平方英尺≈0.09平方米。

　　粗略浏览各栏，艾伦发现，朗巴德在四个目标上比目前皮尔波特的办公室靠前，在一个目标上与之并列（办公室大小），因此，朗巴德优于皮尔波特。于是他删去了皮尔波特。他同时发现，蒙大拿几乎优于公园路，只是，公园路的办公室成本比蒙大拿的稍低。他是否能把公园路也删去呢？他翻出原来的结果表，发现蒙大拿在成本方面的劣势很小，只有 50 美元每个月，而其他方面的优势却很大，包括办公室面积比公园路大 150 平方英尺，上下班时间短得多，距离客户近得多。于是他以实际占优的原则删去了公园路。

　　现在艾伦只剩下三个备选方案，即朗巴德、拜拉诺以及蒙大拿，没有一个备选方案对其他方案有占优关系。他重新画了他的结果表。

　　为使选择更加明确，艾伦得进行一系列的等价置换。浏览了一遍表格后，他发现在剩余的备选方案中，上下班时间一项是差不多的。如果通过等价置换，使拜拉诺的上下班时间增加到 25 分钟，那么，所有三个方案的上下班时间这一项就完全相同了，这一目标就可以被排除。艾伦确定拜拉诺增加 5 分钟上下班时间，可以由贴近客户率增加 8% 来补偿。经过置换后，上下班时间就成为不相关因素（见表 6-6）。接下来，艾伦又看了看表中有没有新的优劣关系出现，但并没有发现。

表 6-6　艾伦的办公室选择：通过等价置换法

| 重画的结果表 | 备选方案 | | | 删去上下班的时间备选方案 | | |
| --- | --- | --- | --- | --- | --- | --- |
| 目标 | 朗巴德 | 拜拉诺 | 蒙大拿 | 朗巴德 | 拜拉诺 | 蒙大拿 |
| 上下班时间（分钟） | 25 | 20 | 25 | ~~25~~ | ~~20~~　~~25~~ | ~~25~~ |
| 贴近客户（%） | 80 | 70 | 85 | 80 | ~~70~~　78 | 85 |
| 办公服务（等级） | B | C | A | B | C | A |
| 办公室（平方英尺） | 700 | 500 | 950 | 700 | 500 | 950 |
| 成本（美元） | 1 700 | 1 500 | 1 900 | 1 700 | 1 500 | 950 |

然后艾伦通过对成本的两次等价置换，删去了办公服务目标：以朗巴德的服务水平（B）为标准，对于拜拉诺，他用服务水平从 C 上升到 B 与成本增加 250 美元相交换，对于蒙大拿他用服务水平从 A 下降到 B 与成本节省 100 美元相交换（见表 6-7 左侧）。

表 6-7　艾伦的办公室选择：通过一系列等价置换

| 重画的结果表 | 备选方案 | | | 删去办公室大小；选择蒙大拿的备选方案 | |
| --- | --- | --- | --- | --- | --- |
| 目标 | 朗巴德 | 拜拉诺 | 蒙大拿 | 朗巴德 | 蒙大拿 |
| 上下班时间（分钟） | ~~25~~ | ~~25~~ | ~~25~~ | ~~25~~ | ~~25~~ |
| 贴近客户（%） | 80 | 78 | 85 | 80 | 85 |
| 办公服务（等级） | ~~B~~ | ~~C~~ B | ~~A~~ B | ~~B~~ | ~~B~~ |
| 办公室（平方英尺） | 700 | 500 | 950 | ~~700~~ 950 | ~~950~~ |
| 成本（美元） | 1 700 | ~~1 500~~ 1 750 | ~~1 900~~ 1 800 | ~~1 700~~ 1 950 | 1 800 |

艾伦每次进行等价置换，都改变了备选方案之间的配比方法。在办公服务目标被排除后，他发现拜拉诺方案劣于朗巴德方案，因此可以被排除。这里要注意问题的考虑过程。在进行等价置换时，你应该注意寻找是否有新的优劣关系出现，这样使你能删去一些方案。在决策过程中，你需要在列（方案）和行（目标）间互相切换，在寻找优劣关系和进行等价置换间相互切换。

排除拜拉诺后，就只剩下朗巴德和蒙大拿了。它们在上下班时间和办公服务方面得分相同，只剩三个目标需要考虑。艾伦在办公室大小和成本之间进行了一次等价置换。考虑到朗巴德 700 平方英尺的办公室太拥挤了，他决定以增加 250 平方英尺的办公面积和大幅度增加的成本（增加 250 美元）相置换。这次置换后，办公室面积大小的目标也可以排除了，这时蒙大拿在剩余的两个备选方案中，即成本和贴近客户方面都占优势，显然，这是一个最佳方案（见表 6-7 右侧）。

　　艾伦签了蒙大拿办公地点的租约，他确信已对决策进行了认真全面的思考，考虑了每个备选方案和目标，因此，做出的选择是精明的。

## 运用等价置换的实用建议

　　一旦你明白了等价置换法的原理，它的操作并不难，就像做游戏一样简单。确定不同结果的相对价值，这是任何取舍过程的核心，也是最困难的部分。等价置换法使决策者每次都把注意力集中在一种价值决策上，对每种价值都能认真思考。尽管并没有什么诀窍来告诉我们，应当如何确定某个结果的多大部分可以交换另一个结果的多大部分（每次置换都需要进行主观判断），但以下这些建议还是可以帮你确信，你做的取舍是合理的。

### 首先进行简单的置换

　　对你来说，确定一些置换的价值，会比确定另外一些置换的价值更困难一些。例如，在选择航班时，你可以比较准确地计算累积飞行里程数的货币价值。毕竟，你知道累积飞行多少距离后就能免费飞行一次，也知道一次飞行要花多少钱。因此，票价和累积飞行里程数之间的置换，很容易做到，而飞行安全记录和飞机起飞时间之间的置换，就没有那么明确了。在这种情况下，你应该先进行票价和累积飞行里程数的置换。通常情况下，你只需进行简单的置换，便可以做出决策（或者至少可以排除几个备选方案），不必把时间花在困难的置换上。

### 重点关注置换的数量，而不是目标的重要性

不考虑结果间的差别程度就说一个目标比另一个目标重要，是没有意义的。收入比假期更重要吗？那得看情况。如果几份工作间的收入相近而假期长短相差很大，那么，假期目标很可能比收入目标重要。

过分注意目标的重要性，将阻碍做出明智的取舍。假设一个小镇正在讨论是否应当缩短图书馆的开放时间以节约资金。支持长时间开放图书馆的人宣称："保持目前的开放时间，比缩减费用重要！"坚持主张节约财政支出的人反对说："不，我们绝对应该削减财政赤字！节约资金更为重要。"要是双方都能注意到问题所涉及的实际时间和金钱数额，可能很容易达成一致。假设将图书馆开放时间一周缩短两个小时，每年便能节省 25 万美元，那么，支持长时间开放图书馆的人，可能会赞同另一方的主张，认为节约的资金足以弥补图书馆开放时间缩短造成的损失（特别是考虑到钱的其他可能用处时）。如果节约的钱仅仅是每年 2.5 万美元，主张节省财政支出的人也会认为，节省的资金无法补偿缩短图书馆开放时间的损失。这里的要点是：当你进行等价置换时，不要重点关注目标的重要性，而要把注意力集中在问题所涉及数据的重要性上。

### 对增量的评估要根据是在多大的起始量上的增加

当你用结果的一部分去置换时（比如，用你办公室总面积的一部分与其他结果置换时），应当考虑相对于总体这一部分的价值是多少。例如700 平方英尺的办公室加上 300 平方英尺，可能意味着拥挤和宽松的区别，而 1000 平方英尺的办公室加上 300 平方英尺，对你来说可能就不那么有价值了。300 平方英尺的价值和其他所有被置换的东西的价值一样，

是和你起初拥有的办公室面积相关的。仅仅看切了多大一片面包是不够的，你应该看看整个面包有多大。

### 进行一致的置换

尽管用于置换的结果的价值是相对的，但置换本身在逻辑上应当一致。如果 A 可以换 B，B 可以换 C，那么 A 就可以换 C。假设你管理的一个环保项目的使命是以最低的成本保护野生动物生活区和扩大鲑鱼的产卵区。经过成本收益分析，你认为保护一平方英里的野生动物生活区和两英里长的鲑鱼产卵河道，价值都是 40 万美元。在进行置换时，你应当以一平方英里的野生动物生活区和两英里长的鲑鱼产卵河道相置换。因此，你得经常检查一下置换是否保持了前后一致。

### 置换前要多收集信息

在结果间进行置换，需要做出主观判断，而你事先掌握的事实越充分，判断也就越容易。在上个例子中，你在取舍时，可以向鱼类专家咨询，包括：一英里新建的产卵区可供多少鲑鱼使用？最终会产多少卵？会有多少鱼活着游到下游？会有多少鱼在来年返回河里产卵？一英里的产卵区将使每年成年鲑鱼增加 20 条还是 2000 条？等等，这对于你估计产卵区的相对价值会有很大不同。

对于某些决策，你自己就能成为很多相关信息的来源。假如你在放假时间和薪水间进行取舍，只有你才知道两星期的假期和四星期的假期对于你来说有什么不同。无论是自己进行判断，还是通过外部资源对目标数据进行评估，都应当保持严谨的作风。不管一项取舍有多么主观，都不能过于随意，在判断结果的价值之前要先好好想一想。

### 多加练习，你便日臻完美

就像所有的新方法一样，等价置换法也需经过反复实践后才能熟练掌握。在刚开始的几次置换时，你可能为整个过程和评估每一个结果的相对价值头痛不已。幸运的是，过程本身是相对简单的，而且基本保持不变，一旦你熟悉了，就不必再在这上面费心思了，而进行正确的置换，永远不会是一件简单的事，每一次置换都需要经过仔细判断。不过，随着你的经验积累，你的洞察力也会随之增强。你会将注意力集中于真正的价值源上。你会知道什么是重要的，什么不是。也许等价置换法的最大价值在于它迫使你以一种理性的、可测量的方法考虑每一次取舍的价值，而这正是进行明智选择的秘诀所在。

案例

## 扩建旧房还是另外买房（续四）

德鲁和达琳看了他们的结果表后，还是无法下定决心，于是决定根据目标对备选方案进行排名。尽管房子质量的资料是由达琳整理的，但排序还是夫妻俩商量着进行。对房子质量进行排序很容易，阿默斯特第一，接下来是维德街，伊顿街，西大街，最后是学校街。尝到了一些胜利的感觉后，两人继续对其他目标进行排序，经过反复思考和充分讨论后，得出表6-8。

表6-8　每个主要指标下各备选方案的排序

| 目标 | 备选方案 | | | | |
|------|---------|------|------|------|------|
| | 阿默斯特 | 伊顿街 | 学校街 | 维德街 | 西大街 |
| 地理位置 | 5 | 4 | 2（并列） | 1 | 2（并列） |
| 学校质量 | 2 | 4 | 5 | 1 | 3 |

（续）

| 目标 | 备选方案 | | | | |
|---|---|---|---|---|---|
| | 阿默斯特 | 伊顿街 | 学校街 | 维德街 | 西大街 |
| 社区质量 | 1 | 4 | 2 | 3 | 5 |
| 房屋质量 | 1 | 3 | 5 | 2 | 4 |
| 院子 | 1 | 3 | 5 | 2 | 4 |
| 成本 | 5 | 4 | 1 | 3 | 2 |

达琳开始得出一些结论，她说："这些排序使一些问题变得相当清楚了。比如，排名肯定了我们先前的结论，伊顿街应该被排除，维德街在每个主要目标上都优于它。"尽管伊顿街在一些子目标上可能优于维德街，但这并没有影响到排序，因为排序是按照主要目标进行的。

德鲁补充说："我想西大街也应该排除。维德在五个主要目标上优于它，只是成本略微比它高一点。另外，看看西大街和学校街，它们在地理位置上扯平了，学校街的周围环境比西大街好，但学校质量不如它。西大街在房屋质量和院子方面优于学校街，但学校街的房子便宜一点：总之，学校街看上去和西大街差不多，所以，我们可以排除西大街和学校街的房子。你同意吗？"

"是的，我同意！现在我们到了关键环节：我们是选维德街还是阿默斯特呢？"

"爸爸，我想我们应该搬到维德街去。"小约翰叫了起来。

"你为什么这么想？"德鲁不解地问。

"嗯，表中维德街的得分累计是12分，而阿默斯特是15分，得分越少的越好。"

德鲁和达琳考虑了一下这个问题。仅仅把排序加起来行不行呢？他们最后确定，不行。维德街和阿默斯特各有三个目标占优，排序既不能说明某个备选方案优于另一个备选方案的程度，也不能说明二者之间区别的性质，而这二者对于决策都是很重要的。

为了更好地比较维德街和阿默斯特的利弊，德鲁和达琳夫妇找出了结果表。看了一会儿，德鲁说："这个表真是让人头痛，根本看不出哪个备选方案好。不过，我现在发现了一个问题，我并不真正明白每个备选方案的成本意味着什么，让我来仔细研究研究。"

德鲁开始研究起拥有房子后每个月的成本。换句话说，他对结果表中的成本部分进行了深入挖掘。他考虑了抵押贷款、房屋维护、保险、房产税等因素。他按自己家可以抵减的收入税的额度，扣减了抵押贷款利息和房产税，又估算了由于房子的升值和分期支付住房贷款，十年后他们家所拥有的房屋的权益。这一切结束后，他向达琳通报了他的分析结果："可以这样来下结论：阿默斯特平均每月比维德街贵 150 美元，但这 150 美元是物有所值的，我估计 10 年后，我们拥有的阿默斯特的房子的权益，将比维德街的房子的权益多出 2.4 万美元。这个数字令我感到很纳闷，我原来觉得阿默斯特比维德贵得多，但实际并不是这样。如果买了阿默斯特的房子的话，就如同我们参加了一个被动的储蓄计划。"

"这样说，你是倾向于阿默斯特了？"

"不，不，不。我只是说单从成本角度讲，差别并不大。我们还必须看一看其他因素。"

达琳说："我一直在试图系统性地考虑这个问题。对我来说，选择似乎可以归结为以下这些方面：维德街在地理位置上好得多，在成本上好一些，在学校质量上好一点，在社区质量上差一些，在房屋质量上差一些，在院子质量上也稍差一点。"

"这仍然是苹果和橘子的区别，属于不同类别之间的评估。那较少的上下班时间和较好的房屋质量如何比较呢？"

"对我来说答案已经很清楚了。是约翰帮助我做出了选择。你想知道我的理由，还是再想一想？我不想影响你的思维。"

"说来听听吧。约翰是怎么帮助你的？我怀疑约翰喜欢维德街的房子，是因为那里有很多小孩。"

"当我想到阿默斯特的上下班时间那么长时，就想起你遇上堵车时沮丧的样子。但约翰会从不同角度考虑这个问题。他说：'如果爸爸下班在路上的时间太长，那晚饭前他就没有时间来陪我玩了。'这使我想到了上下班时间太长真正不好的地方。如果选了阿默斯特的房子，你到家后只有两个小时的时间，约翰就要睡觉了。上下班时间太长，会使你和约翰以及将来的孩子在一起的时间很短。这是很严重的问题！所以……维德街在地理位置上的优势，要比其他方面的细微差别重要。"

"亲爱的，很高兴你这么想。我本来不想在上下班时间这个问题上纠缠，因为我想这完全是我个人的事，但我赞同约翰的意见，我不想在下班后没有时间和他玩。"

"我想让你早点回家，还有另一个原因：如果路上不堵车的话，到家后你的心情会好得多。"

于是，夫妇俩打电话给安妮，让她出价19万美元购买维德街的房子。第二天，这个报价就被接受了。

## 案例启示

德鲁一家很聪明地对信息进行了归纳总结，这有助于他们对备选方案进行评估。通过对每一个主要目标进行排序，他们可以看到，伊顿街的房子这一备选方案劣于其他备选方案，西大街和学校街的房子被实际占优。最终归结为阿默斯特和维德街之间的选择。正如经常发生的那样，当真的要做决策的时候，需要进一步考察结果的某一个方面（在这个例子中是成本）。

对于德鲁一家就剩余两套房子的评估，我们可以提一些什么建议呢？

- 在确定最初目标和子目标时，德鲁一家没有问一问"为什么"。比如，为什么他们想缩短上下班时间？如果多问问为什么，也许能早一些发现，原来是希望德鲁和约翰有更多的时间在一起玩。
- 德鲁一家本可以用等价置换法来确定最后两座房子的相对优劣。这将成为有助于他们明确选择的基础。
- 在只剩下阿默斯特和维德街时，德鲁一家可以用本·富兰克林的方法，将两座房子的优缺点列出来进行对比。

在仔细考虑要买哪座房子之后，德鲁一家在决定付出多少钱时花的时间太少。决定出价多少与决定买什么房子是不同的决策，是一个同样值得认真考虑的问题。也许出价17.2万美元也会被接受，那样的话，他们就可以省下1.8万美元。在决定出价多少时，会伴随着明显的不确定性：是否其他的潜在买家也在出价？他们是谁？卖家会接受怎样的出价？卖家会怎么还价？下一章，我们将讨论如何系统地分析这些不确定性，以帮助你做出精明的选择。

CHAPTER 7

第 7 章

# 不确定因素

在前面各章，我们介绍了一种综合性的方法，假如你在决策之前能了解每一种备选方案的结果，就可以采用这种方法做出精明的选择。现在，我们转向另一种情况——在决策之前无法确定结果。不论你花费多少时间去思考，也只能在做出决策之后，才知道结果到底是什么。在选择时，你也许知道什么情况可能会发生，但永远不知道真的会发生什么。

你在生活中要面对许多不确定因素，因此，你做出的许多决策，比如投资共同基金、决定要孩子、要求加薪或晋升、新创办一家公司，或者推出一种新产品，等等，都将包含一些可以预先估计到却又无法避免的风险。你不能对这些不确定因素满不在乎，因为它们总是与你的决策相伴相随，而且难以把握。怎么做呢？首先，承认不确定因素的存在。然后，你需要系统地考虑它们，搞清可能出现的不同结果，以及它们各自的概率和影响。

## 将好的结局和精明决策区别开来

只要存在不确定因素，就难以保证某个精明决策会带来好的结局，许多人根据结局好坏来判断自己或者别人的决策质量，这是完全不正确的，下面两个例子能证明这一点。

### 精明的选择，糟糕的结局

北卡罗来纳州的黄先生准备动工扩建他的房子，工期已一推再推，不能再等了。他权衡了在 12 月开工的利弊。该地区的冬季通常气候温和，降雪量很小，对施工没有不利影响，而且现在的长期天气预报说，近段时间气候正常。由于与气候有关的严重问题发生的概率很小，黄先生决定开工。不幸的是，当年的冬天却出现了 40 年以来最糟糕的天气，导致工期拖延了一个月，费用超出了预算 6000 美元。这个选择愚蠢吗？不！选择是对的，只是结局不理想。黄先生可能会说："要是早知道天气会这么糟糕的话，我会等到明年春天开工的！"但怎么可能呢？

### 糟糕的选择，好的结局

罗伯塔·贾尔斯是一位没有经验的投资者，她听信一位朋友的建议，没有进行任何调查研究，就着手投资建造一栋大型的公寓大楼。大楼完工一年后，入住率仅为 75%，亏损严重。但是，正当破产看起来无可避免之际，一家大公司突然搬入了附近的办公园区。公寓很快就住满了，甚至还有很多人在排着队等待租房入住。租金一再暴涨。三年之后，罗伯塔以其原始投资四倍的价格转让了她的投资。这项投资是个精明的决策吗？不！尽管结局不错，但决策的过程是错误的。其他的像她这样做出的决策，能得到同样的结局吗？绝对值得怀疑。

　　在不确定的情况下做出的决策，其结局如何，应该根据决策过程的质量来判断，而不是通过结局的好坏来判断。罗伯特 F. 奥基夫曾供职于一家美国最大的财产和意外伤害保险公司，是一位退休的理赔部主管，他很明白这其中的区别（这也可能因为他是一个扑克牌迷）。在最近的一次谈话中，他阐述了他的观点：

　　当我试图就一项重要的索赔争端实现庭外和解时，如果对方提出的金额高于我的分析员提出的合理金额，我就会将这一争端提交法庭审理。可能我会胜诉，在这种情况下，要么法官判决给原告的赔偿金额少于我计算的金额，要么我实际支付给原告的金额少于原告提出的金额。但有时，法官判定的赔偿金额高于我在庭外和解时需要的金额，超出的金额有时达数万或数十万美元之巨。那么，在这种情况下，我们拒绝和解错了吗？没有错。我只是提醒自己，另一个法官面对同样的证据，可能会做出对我们更加有利的判决。

　　奥基夫的整个记录，证明了他的决策质量，然而，在他自己的职业生涯中，他同样也经历了许多意想不到的事情，许多时候会令他感到不安和困扰。在做出一项重要决策时，奥基夫以及我们中的任何一个人，能做的就是确保我们运用可靠的程序，使自己认识并充分地考虑不确定因素。我们无法使不确定因素消失，但能够在决策过程中冷静地对待他们。

## 利用风险预测来简化与不确定因素有关的决策

　　不确定因素给决策又增添了一层新的复杂性。单一的决策可能涉及多个不确定因素。这些不确定因素，重要性各不相同，可能以错综复杂的关系互相关联，从而影响最终的结局。为了搞清不确定因素的影响，你得想出一种方法简化它，将每个因素分离出来并逐一评估。你可以利用**风险预测**达到这一目的。

风险预测捕捉到了有关不确定因素对备选方案的作用方式的基本信息。它回答了四个关键问题：

- 关键的**不确定因素**是什么？
- 这些不确定因素的可能**结果**是什么？
- 每种可能结果发生的**概率**怎样？
- 每种结果最终会导致什么**结局**？

风险预测为比较影响每一种备选方案的不确定因素打下了坚实的基础，使你专注于会对你的选择产生影响的关键因素，忽略那些次要因素。考虑这个简单的例子。在过去五年里，乔·拉扎力诺通过参加许多公共或私人的小型工程项目的招投标，使他的建筑公司得以生存下去。公司的利润尚可，但是乔开始感到厌倦，渴望迎接新的更大挑战。一天，他听说一个政府机构就一个大的长期合同发出要约。乔知道，如能得到这个合同，将给公司带来巨大的利润，但是，准备投标建议书需要巨额的支出，会使公司的资源耗费殆尽。他也无从确定该机构对他的投标建议书的态度——他可能得到全部或者局部的合同，但也有可能根本就得不到这个合同。

乔为准备和提交建议书这一选择进行了风险预测。他简要地描述了可能的结果、每种结果发生的概率和与之相联系的最终的结局。他在一个简单的表格里把这些写下来，如表 7-1 所示。通过研究风险预测，乔发现，决策变得很明显，得到局部合同（结果 B）和全部合同（结果 C）的可能性，大大高于得不到合同（结果 A）的可能性，并且，结果 B 和结果 C 都能带来比现在更令人满意的结局。乔决定参加投标。

表 7-1　乔准备和提出投标建议书的风险预测

| 不确定因素：政府对投标书的回应 | | |
|---|---|---|
| 可能的结果 | 概率 | 结局 |
| A. 没得到合同 | 不太可能 | 很糟。可能需要裁员，大幅举债，争取小合同 |
| B. 局部合同 | 最有可能 | 很好。公司将更加稳定，会挣些钱 |
| C. 全部合同 | 有一定可能 | 非常好。不仅利润丰厚，而且能够提高公司声誉 |

乔参加投标的经验，以及数量有限的备选方案和可能的结局，使他很容易进行风险预测。不过，许多涉及不确定因素的决策问题，可能更具挑战性。但不管怎样，清晰的风险预测是至关重要的第一步。

## 如何进行风险预测

现在，让我们来看一下怎样进行更加复杂的风险预测。珍妮特·埃林伍德是一家位于丹佛的邮购公司老板，她正计划为公司的 55 名员工举办一次夏日聚会，以表达对员工在过去一年里努力工作的感谢和勉励。她希望晚会能够体现趣味性，吸引员工家人参与，并且开支合理。珍妮特非正式地征求了员工的意见，发现他们比较倾向于两种备选方案：方案一是在一个有游泳池和球场设施的山谷中举行野餐；方案二是在市区的酒店举行晚宴和舞会。

珍妮特感到，在两个备选方案中，野餐更符合她的三个目标：人人都喜欢游戏和运动设施；员工的孩子会乐意参与；费用较低。但是，与酒店的晚宴和舞会相比，野餐的成功与否，更加取决于天气的好坏。尽管一年中的这个时候晴天比雨天多，但珍妮特知道，丹佛可能时不时下一场阵雨。一旦下雨，就意味着野餐活动不成功，令人扫兴。尽管大家可以在帐篷里吃东西（导致成本增加），但其他活动难以进行，而且，许多人会因为下雨而宁愿待在家里，或者早早回家。从另一个角度来看，如果在市内酒店举行晚宴和舞会，员工和家属会到得很齐，不会因为下雨而缺席。

通过考虑两种备选方案，珍妮特几乎回答出了风险预测的四个问题。她找出了不确定因素（天气）、可能的结果（天晴或下雨）、结果的发生概率（下雨的可能性较小）和最终的结局（下雨使野餐不成功）。有时候，像这样非正式的简单描述，已经足以为决策提供坚实的基础，但是这次，珍妮特认为这些信息还不够。接下来，她系统地厘清了影响她的决策的不确定因素、可能的结果、概率和最终的结局。

### 找出关键的不确定因素

事实上，所有的决策都包含不确定因素，但大多数情况下，不确定因素对结果没有多大影响，无须考虑。选出应该包含在风险预测中的足够重要的不确定因素，只需两个步骤：

- 列出可能对任何一种备选方案的最终结局产生重大影响的所有不确定因素。
- 逐一考虑这些不确定因素，确认它们可能的种种结果是否对决策产生影响，以及可以产生多大的影响。当存在许多可能的不确定因素时，筛选出少数可能影响最重大的因素。

除了天气以外，珍妮特的决定中还存在许多不确定因素，如员工参与率、活动成本等。在考虑参与率的可能结果时，她认为，几乎所有的员工都打算参加两项活动中的任何一项，而准确的参与率数据，并不影响她的选择。对于活动成本，她请两个活动场所的经理分别进行了估算，得知野餐的支出约为 6000 美元，晚宴加舞会的支出约为 1.25 万美元。具体金额会因客人的数目以及他们的食物、饮料和娱乐活动选择而有微调，但这种调整，不足以影响她的考虑。总之，即使参与率和成本存在一些不确定性，但对最终的结局也不会有太大的影响，因此，珍妮特的选择，不因这些不确定因素而改变。

这么看来，天气好坏成为关键的不确定因素。不论野餐的计划有多么诱人，一旦下雨，很多人就会缺席或者提前退席，使聚会不欢而散。

### 定义结果

必须现在就清楚地定义每种不确定因素的可能结果，这需要回答两个问题：

- 需要定义出多少种可能的结果来表达每种不确定性的程度？
- 怎样定义每种可能出现的结果最好？

需要列出的结果数目，取决于你所考虑的不确定因素。一些不确定性因素本身只存在少量定义明确的潜在结果。比如，在下棋比赛中，哪一位参赛者会赢得这场比赛？某一有待表决的法律草案会被表决通过还是被否决？但是，其他一些不确定因素，可能存在大量的潜在结果：有多少人会在现场观看下周六的足球比赛？买这只股票可能赚多少钱或者亏多少钱？

当可能的结果众多时，应该用划分区间或者分类的方式来整理这些结果，以简化表述。分类的标准可以是量化的（1万～2万美元、2万～3万美元等）或者描述性的（高、中、低；成功、不成功、中性）。有时，对每个数量区间指定一个代表值（比如用2.5万美元作为2万～3万美元这个区间的代表），能使计算和比较相对容易一些。

由于问题的复杂程度随着类别数量的增加而增大，你应该设法使结果集合的范围降到最低，也就是说，正好足以全面描述不确定性的程度。先定义一组可能的结果，然后根据需要再进行添加。例如，为一项新推出的产品设想可能的结果时，可以先从"高销售率"和"低销售率"这两类结果入手。假如这两个结果还不能覆盖结果的范围，你可以添加一个新的分类，如"中等销售率"，在其中包括一些先前在高和低类中的部分。

不论可能的结果数量如何，这些结果必须符合三个标准。首先，结果的分类必须彼此有明显区别，没有重叠（也就是说，它们必须是**相互排斥的**）。比如，在"雨"和"晴"的分类中，绝不能包含"大面积阵雨"这一类别。其次，结果必须包括各种可能性，每一个可能的事件，必须要么归入这个类别，要么归入另一个类别（也就是说，它们必须是**整体而言毫无遗漏的**）。例如，"大面积阵雨"这一事件，要么包含在"晴"的类别中，要么包含在"雨"的类别中。再次，结果必须有明确的定义。当不确定因素消失后，可以清楚地判定事件落入了某一个事先定义好的类别中。比如，大面积阵雨过后，天气是继续下雨还是转晴？

### 分派概率

明确定义可能的结果或结果的类别，有助于判断每种结果出现的概率。分派概率可能是决策过程中最棘手的工作，尤其是在问题并非十分清楚或者时间确实异常紧迫的时候。遵循以下建议能够确保对概率的评估合理、有益。

- 运用你的判断。通常情况下，你可以根据你的知识和经验，对某种既定结果发生的概率做出合理的评估。我们每个人在日常生活中都无意识地这么做了，例如，我们周末下班的时候，可能在电梯里就想着：回家路上碰到堵车的概率有多大？

- 参考现有的信息。总有一些信息能帮你给每种结果分派概率。你应当仔细考虑所有的信息来源，包括图书馆、互联网、内部文件、研究资料、专业出版物等任何可能提供线索的渠道。比如，珍妮特就可以通过气象局获得一些气象资料，以帮助评估夏天的傍晚下雨的概率。

- 收集新的数据。有时候，你需要的特定数据并非现成的，而是需要你亲自动手收集。例如，某家食品公司可能通过进行市场测验或者电话调查的方式来评估购买某种新品牌咖啡的潜在客户家庭的比例。

- 咨询专家。对于大多数的不确定因素，总有一些人比你知道得更多。根据问题的不同，可以请医生、律师、会计师、经济学家等专业人员提供建议。对于珍妮特的问题，一位本地的气象学家可能是合适的咨询对象。

- 将不确定因素分解。有时，你得将不确定因素分解为若干组成部分去分别考虑，然后再将结果综合起来，这种做法有助于确定概率。例如，某企业家打算在开发区内创办一家洗车店，店铺的生意如何，取决于邻近地区某个待建工程将带来的车流量。待建工程可能是一家购物中心或者一个办公园区。该企业家可以先假定要建的是一家购物中心，为不同的日洗车量分别分派概率；同样，再假定建设的是一个办公园区而分派不同的日洗车量的相应概率。然后，以两种建设规划分别的概率作为权重，对这些结果加权平均，得到对日均洗车量的总体估计。

我们表达概率时，首先浮现在脑海的可能是定性的描述。在日常对话中，人们经常用"不太可能""不相上下""几乎不可能""很可能""机会很大""几乎可以肯定"等短语来表达概率。这样做比较简单，而且，人们认为，这样就足以表达他们对概率的判断。但是，一个人说"很可能"的时候，也许与另一个同样这样表达的人所指的意思不尽相同。这些主观性的短语，对于不需要向他人证明的个人决策来说就足够了，但在大多数情况下，这种表述还不够准确。因此，有时你需要用定量的方式，用小数（0.2）或者百分比（20%）来表达概率。使用数字来表达，减少了错误传达信息的可能性，并且有利于做出精确的决策。

如果你对于用定量的方式表达对概率的判断或让他人这么做感到有些困难，不如从极端的情况入手。如果问某家生意红火、不预订座位的餐馆的服务员，在周四下午5：30有空座位的概率是多少，她可能会回答："我不清楚，也许有，也许没有。"（哦，这让人太沮丧）你可以接着问："这个概率大于25%吗？"这样的问题，常常能引出一些比较有帮助的回答："哦，比这个大多了。""比50%大吗？""是的。""有90%这么多吗？""那倒没有。你这说得太高了。"这样一来，概率的范围已经缩小到50%～90%了。再问几个问题，可能会得到更加准确的范围。

在分派概率时往往不需要十分精确。通常情况下，知道概率处在某一区间，就足以指导决策了。（参见下面的例子"哪个航班？"）比如，假如一些结果的估计概率在 30% ～ 50%，就可以用 40% 来比较各种备选方案，然后用 30% 和 50% 重新考虑它们。通常，这种改变没有关系，决策仍是相同的。

不论如何表达，在某种不确定因素的作用下，各种结果的概率相加，应当等于 100%（或者用小数表示为 1.0）。如果把天气分为"晴"和"雨"两类，下雨的概率是 35%，那么，天晴的概率一定是 65%。同样，要记住，你对一种结果发生概率的估计，可能因为环境变化或获得了新的信息而发生变化。在决策过程中，要定期重新审视你分派的概率，确保它们在现有信息基础上是合理的。

-------------- **通过估计不确定因素来解决问题：哪个航班？** ----------------

马克·哈塔处在两难境地。几个月前，他计划在 10 月份陪 62 岁的母亲去伦敦旅行一周。他和母亲并没有居住在同一个城市，他住在凤凰城，母亲住在匹兹堡。他们计划周六晚上在华盛顿一起吃晚餐，然后在杜勒斯机场搭乘晚上 10 点的航班去伦敦。

但是，马克得知女儿所在足球队进入了联赛的决赛，比赛将于同一个周六的上午 9 点进行，他很想去观看女儿的比赛。怎么办呢？

马克发现了三个备选的方案：

（1）观看女儿比赛，将去伦敦的行程推后一天，减去一天的行程（改签会多花费 400 美元，但座位不成问题，有很多）。

（2）行程不变，不观看女儿比赛。

（3）观看比赛，搭乘晚一些的航班去杜勒斯机场，如果航班正点到达或者晚点不超过30分钟，马克将有足够的时间和母亲会面，然后和母亲一同搭乘飞往伦敦的航班。尽管不能和母亲一起吃晚餐了，但其他的计划不受影响。

在进行一番内心的思想斗争后，马克决定宁愿错过女儿的比赛，也不愿缩短母亲的伦敦之旅。但是，能不能做到两样都不耽误呢？经过考虑，马克决定，如果错过去伦敦的航班的风险小于15%的话，他就要赌一下。

现在，一切取决于他飞往华盛顿杜勒斯机场的航班，能不能在飞往伦敦的航班起飞30分钟前抵达杜勒斯机场。从旅行社那里，马克得知，杜勒斯机场航班准点到达（不超过15分钟）的概率是80%，再三询问后，马克推测，他在飞往伦敦的航班起飞30分钟前到达的概率，大大高于80%。其原因有三：第一，许多晚点的航班都在预定时间以后30分钟内到达；第二，和平常相比，周六航班的空中交通延误短一些；第三，凤凰城的机场，很少因为天气原因而造成航班起飞推迟。他的结论是：他至少有90%的概率可以赶上飞往伦敦的航班。尽管选择的过程有些麻烦，但结果很明显。最后，他到现场观看了女儿的比赛（比赛结果是双方2：2战成平局，并列冠军），并且提前赶到了华盛顿。他不仅做出了一个明智的选择，而且结局也非常不错。

---

## 阐述最终的结局

不同的结果，将有不同的最终结局，这些最终结局也必须清楚地加以说明。一般情况下，可以用类似我们在第 5 章中阐述过的定义结果的方法来定义最终结局，但是，要保证阐述的精确程度，满足做出有见地的决策的需要。根据决策的复杂程度，可以使用下面三种方法中的一种来阐述最终结局。

- **文字描述**。尽管这是最不精确的一种方式，但有些情况下，文字描述也够了。只是要记住，尽管"刚刚好""还行"或者"徒劳无功"这样的短语可能适合个人的决策，但和他人交流时，需要花很多口舌去解释清楚。
- **对目标的定性描述**。对目标的定性描述将最终结局进行分解，所表达的最终结局与泛泛的文字描述相比，容纳的信息要多。例如，对于组织一次户外野餐，天气晴好对珍妮特的每个目标的结局可以描述为：①趣味性强；②家属参与率高；③成本低。
- **对目标的定量描述**。尽管用对目标定量描述的方式（比如估计成本为多少美元）表达最终结局可能需要更多时间，但这种方式是最清晰、最容易比较和使用的。例如，一辆二手车标价为"5000 美元，上下浮动 10%"，比起标明"低价甩卖"，显然前者有意义得多。

要记住，在任何一种情况下，结局的准确性，只需达到足以做出精明决策即可。如果仅仅以文字描述，已经使你的选择十分明显，那就没有必要花时间来进行准确的、量化的估算。

## 使用决策树来描绘风险预测

描绘风险预测的过程通常能使不确定因素明了，使精明的选择变得显而易见。但并非总是这样。有的决策，尤其是那些复杂的决策，需要更多的分析。这时**决策树**就会很有用。决策树就是用图形来表述某项决策的本质，展示了各种选择和不确定因素之间的相互关系。从某种意义上讲，决策树就像一张蓝图，系统和有目标地展现了一项决策的整体构造。建造房屋不可能没有图纸，同样，决策者在面临不确定因素时，需要解决某个艰难的决策问题时，往往需要使用决策树。

例如，珍妮特安排员工聚会，其问题的实质可以用决策树（见图7-1）来表现。树是从做决策的时刻开始的（用1标注的方块），最初的枝干表示相互竞争的备选方案。备选方案有两个：在酒店举行的晚宴加舞会，以及山谷野餐。所以，图中有两个枝干，每种选择都有分权（用2、3标注的圆圈），表示一个不确定因素。不确定因素（这里是晴或雨）的每种可能结果，由分叉处分出的枝条表示出来。这些结果分枝上，都标注了它们的发生概率（通过咨询本地气象学家，珍妮特用30%作为下雨的概率）。每种结果分枝又分别导致不同的结局，在末梢处加以总结。

这个简单的决策树，有四种可能的路径，它表明了怎样使用图形来弄清各种选择、不确定性和结局间的关系。通过将决策用这种方式表现出来，珍妮特的思维变得很清晰。她推断，一场成功的野餐比起晚宴加舞会来说更符合她的目标，值得为此冒30%下雨的风险。她选择了野餐。

决策树尤其有助于向他人解释自己的决策过程（所以有必要在分支点和枝干上标注序号）。即使对于那些相对简单的涉及不确定性的问题，也要养成画决策树的习惯，这样能够提高你的决策技能。首先，决策树鼓励你对问题进行彻底的逻辑思考，这是一个值得培养的有益习惯。其次，掌握在简单问题上建立决策树的技能，会使在较为复杂的问题上更容易使用这一工具。下面我们要讲的就是一个比较复杂的决策问题。

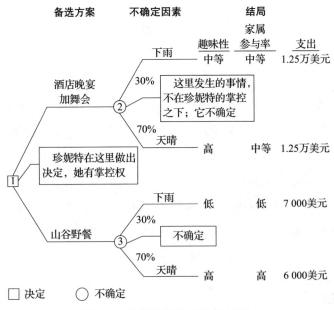

图 7-1　珍妮特的员工聚会决策树

案例

## 该不该庭外和解

　　几星期来，凯伦·普拉沃尼克没有睡过一个好觉。她感到高度紧张。每天，她极度痛苦地左右摇摆，不知道是不是该接受车祸肇事者支付给她的 30 万美元，以达成庭外和解。另外，她知道，假如她拒绝庭外和解而提起诉讼的话，自己有机会得到更多的赔偿，可能高达数百万美元。但如果输掉了官司，她最终什么也得不到。于是，她希望接受肇事者的 30 万美元赔偿（她知道，她的母亲绝不会让她忘记她的错误）。

　　这一切还得从头说起。凯伦今年 27 岁，尚未结婚，不幸经历了一场车祸。她自己在车祸中也有一些责任。车祸使她轻微残疾、容貌受损，而且，日渐增加的医疗费用，令她的处境雪上加霜。尽管凯伦不希望由于"错过"庭外和解而被觉得很愚蠢，但她的律师萨姆·巴伦斯却力劝她不要轻易接受。律师敦促她表现得强硬一些，不要让肇事者轻松脱身。不过，虽然凯伦在这场事故中相对来说是无辜的，而且受到的伤害也更大，脸上留下了疤痕，脖子和左肩的活动能力都受到损害，而且还损失了收入，但她觉得自己毕竟也负有小部分的责任，因此无法克服自己的内疚感。她觉得，如果听从了律师的建议，她可能在法庭上与肇事者彻底闹翻，而一旦败诉，就什么也得不到了。她的每一个朋友、亲戚、同事和熟人都劝她要走法律程序，不能庭外和解。她不知道该如何决定。

## 凯伦的决策问题

凯伦的闺蜜简·斯图尔特帮助她系统地思考她遭遇事故后的处境。如今，简就成了凯伦在这场官司中的"首席顾问"，凯伦将内心的挣扎，都一一告诉了简，让简来分析。简是一位管理学顾问，在助推决策方面具有丰富的专业经验，现在伸出援手，帮助凯伦系统地思考当前的处境，以便结束凯伦这种情绪上处于崩溃却拿不定主意的状态。简希望帮助凯伦确定她到底是应当提起诉讼，还是应当庭外和解，并且让她能够轻松自在地做出恰当的决策。简对凯伦说，希望运气最终站在她这一边来，"大多数时候，好运气总是青睐更优秀的决策者"。

凯伦和简一起分离出与凯伦的决策密切相关的三个主要问题：

（1）胜诉的概率和胜诉后获得不同赔偿金额的概率。

（2）由于起诉或者撤诉而产生的时间的耗费和心理压力，以及败诉后产生的遗憾和胜诉后带来的喜悦。

（3）凯伦承担风险的意愿。

两人还意识到，除了诉诸法律和以 30 万美元的赔偿金庭外和解这两种备选方案外，还有第三种备选方案：等待对方开出更多的庭外和解的赔偿金。律师萨姆根据对肇事者律师的了解，推断肇事者不会马上就报出新的赔偿金额，但凯伦和简决定，假如凯伦选择庭外和解，直至最后一刻，她都应该保留选择的权利。

为了完成提起诉讼的风险预测，凯伦需要萨姆对胜诉和获赔不同金额的概率进行判断。凯伦本人和简以及萨姆见了一次面，共同分析这件事情，简为此准备了材料。

### 凯伦的决策树

在三人的面谈中，简给大家传阅了一张描述凯伦的决策问题的决策树（见图 7-2），方块 1 代表了凯伦的基本决策：提起诉讼或者庭外和解。最下面的枝干代表接受和解，没有不确定因素，但上面的代表提起诉讼的枝干，却引出了两个不确定因素：一是胜诉或败诉（分叉 2），二是如果胜诉，她将得到多少赔偿（分叉 3）。

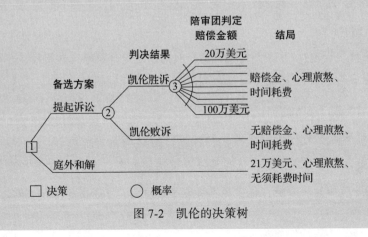

图 7-2　凯伦的决策树

分叉 3 中的数额在 20 万～100 万美元的区间内，代表了胜诉后可能获得的赔偿金额。在庭外和解枝干的末梢处，21 万美元的数字，代表凯伦在支付萨姆 30% 的律师费用后剩余的金额。除了钱以外，决策树还标出了其他两种可能的后果：“心理煎熬”表明结果将会有非物质的成本，包括失眠、焦虑和遗憾；“时间”表明为打官司而耗费的时间。

### 凯伦的概率

凯伦和简现在需要萨姆的专业知识来确定赢得这场官司的可能性。根据类似案件的结果、法官以往的记录和他自己的诉讼经验，萨姆告知凯伦，胜诉的概率“非常高”。

简开始探究“非常高”的含义，试图得出实际的数字帮助分析。她问萨姆：“非常高，意味着概率有多高？”

萨姆回答道：“我不是这么想问题的，我不知道你怎么能对所有的事情都用数字来表示，尤其是像打赢官司这样主观的事情。”

简转向凯伦：“你怎么解释？给我一个数字。”

凯伦说道：“我想，萨姆是认为我们打赢官司的概率在 20%～30% 吧。”

萨姆抗议道：“我不是这么说的！我的意思是，概率比这要高得多。”

简不依不饶：“高多少？高于 50% 吗？”

“肯定高于 50%。”

“到底高多少？”

“哦，我不知道你怎么能得到一个准确的数字。当然不会有 90% 那么高。对于庭审这种事情，你永远不可能那么确定。可能在 60%～80%。”

　　"那么说，70% 的概率应该是合理的估计吧，也许再高一些或低一些？"

　　"估计得不错，差不了多少了。"

　　"好。现在来看看分叉 3 中法庭赔偿金的不确定因素。"

　　简向萨姆询问了可能的法庭赔偿金数额。一个小时以后，她画出一个表格（见表 7-2），总结了萨姆的判断：这个表格将最初 80 万美元的区间（20 万～ 100 万美元）划分为 4 个概率相等的区间，分别标上"低""中等""高""很高"。表中列出了每个区间的代表性金额，这样便更容易解释法庭赔偿金的不确定因素的含义。比如，30 万美元，代表了 20 万～ 41 万美元的区间。

**表 7-2　凯伦胜诉时法庭判决的赔偿金的概率**

| 法庭判决赔偿金的区间（万美元） | 结果 | 概率（%） | 代表金额（万美元） |
| --- | --- | --- | --- |
| 20 ～ 41 | 低 | 25 | 30 |
| 41 ～ 55 | 中等 | 25 | 47 |
| 55 ～ 70 | 高 | 25 | 61 |
| 70 ～ 100 | 很高 | 25 | 80 |

### 凯伦的结局

　　现在的任务是分解凯伦打官司问题中的非物质成本：她的时间、她对败诉的担心、挥之不去的对自己在事故中的责任的内疚、对于败诉后其他人（尤其是她母亲）对她放弃庭外和解赔付的做法的批评的担忧，以及她自己在面临败诉时的悔恨。

　　凯伦和简使用等价置换的方法（我们在第 6 章描述过）来对无形的成本分配其货币价值（见表 7-3）。正如"调整"一栏中显示的，她们用负的金额表示凯伦愿意付出多少钱来换取耗费的所有时间和所承受的心理煎熬，用正的金额表示她因赢得高额赔偿金的喜悦而得到的收益。"调整"的数字因赔偿金额而异，反映了不同程度的焦虑至满意，遗憾至喜悦。

表 7-3　用净等值美元表示的结果

| 结果 | 总金额（美元） | 扣除律师费（30%） | 时间和心理影响调整 | 等值的货币金额（美元） |
|---|---|---|---|---|
| 胜诉 | | | | |
| 低 | 300 000 | −90 000 | −25 000 | 185 000 |
| 中等 | 470 000 | −141 000 | −19 000 | 310 000 |
| 高 | 610 000 | −183 000 | −12 000 | 415 000 |
| 很高 | 800 000 | −240 000 | 20 000 | 580 000 |
| 败诉 | 0 | 0 | −30 000 | −30 000 |
| 庭外和解 | 300 000 | −90 000 | 0 | 210 000 |

一旦确定了无形成本的等值金额，凯伦和简就能够在赔偿金上增加（减少）这些金额，计算出每种结果的总金额（见表 7-4）。"等值的货币金额"一栏中的数字，代表了凯伦在扣除 30% 的律师费后，从赔偿金额中得到的净值。简在决策树（见图 7-3）上增加了净值和概率，17.5% 表示 70% 的胜诉概率与每个赔偿金区间 25% 的概率的乘积。

表 7-4　凯伦提起诉讼的风险预测

| 不确定因素：庭审结果和赔偿金 | | |
|---|---|---|
| 结果 | 概率（%） | 结果（等值的货币金额）（美元） |
| 败诉 | 30.0 | −30 000 |
| 胜诉 | | |
| 低的赔偿金额 | 17.5 | 185 000 |
| 中等赔偿金额 | 17.5 | 310 000 |
| 高的赔偿金额 | 17.5 | 450 000 |
| 很高的赔偿金额 | 10.5 | 580 000 |
| | 100 | |

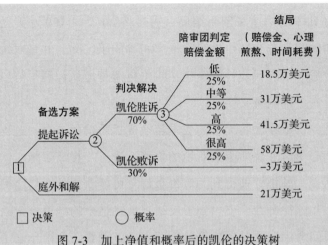

图 7-3　加上净值和概率后的凯伦的决策树

凯伦叹气道："现在，这个问题的风险已经分析得很清楚了，可我还是不知道应该怎么办。我是应该接受 30 万美元的赔偿金，实现庭外和解，还是应该提起诉讼？"

简回答道："想一想你对风险的承受能力，你就知道该怎么办了。"

（待续，见第 8 章）

## 案例启示

在简的指导和萨姆的努力下，凯伦现在对她的两个备选方案进行了较好的风险预测。她的案例说明，在进行风险预测时，需要记住四个基本点。

- 想方设法用数字来说明不同结果的概率。人们有时企图回避责任，使用模糊的量化描述，不愿对概率做出比较准确的数字描述，这时，可能需要施加一些压力，迫使他们量化自己的判断。但正如凯伦的例子表明的那样，这种利用数字的精确性和有用性的做法，值得一试。

- 通过具体的描述来阐明结局。通过将 20 万～100 万美元这个较宽的区间划分为四个较窄的概率相等的子区间，并且对每个子区间分派一个有代表性的金额，凯伦更清楚地认识到了打赢官司对自己有怎样的意义。

- 使用等价置换法将无形的成本转换成货币价值。这一过程帮助凯伦用心考虑非物质因素对她的价值，进一步提高了她对结果意义的认识。她把置换得到的等价金额与可能获得的赔偿金额结合起来，扣除律师费，就得到了反映其最终结果的净等价金额。

- 花时间考虑影响某项决策的重要不确定因素。风险预测不需要很长时间，也不需要专门的知识，但得实事求是地识别出关键的不确定因素和它们的可能结果，推测出每种结果的概率和结局。

CHAPTER 8

第 8 章

# 风险承受力

对待风险的态度是因人而异的。有的人不惜付出一切代价来规避风险，将退休金全部放入联邦政府保险的大额定期存单中。也有的人极度偏爱风险，将手头所有的钱都投资于期货、垃圾股和垃圾债券。我们大多数人介于这两个极端之间。我们知道，风险与回报成正比，因而愿意承担一定程度的风险，但是不愿承担太多的风险以至于寝食难安。

在决策时怎样考虑你个人对风险的承受力呢？在第 7 章中我们看到，在面临不确定因素时做出选择，实际上就是在不同备选方案的风险预测之间做出选择。通过风险预测，就能将不同备选方案进行比较，并且较容易地消除那些糟糕的备选方案。最好的备选方案常常显而易见。但是，假设你已经做到了这些，却仍然打不定主意，你就不仅要进行风险预测，还要知道你愿意承担多大的风险。

比如，思考下面这个例子中的主人公面临的进退两难的境地。现年 68 岁的罗伯特·高德曼在多年以前就左眼失明了。近些年来，由于患白内障，他的右眼视力也在下降。如今，即使戴眼镜，他的矫正视力也只有0.4，而且看东西很模糊，夜间尤其如此。因此，医生劝他不要在天黑以后开车。

罗伯特最近又做了一次眼科检查，他的医生乔依斯·琳恩·艾迪建议他做白内障手术。对于罗伯特这种情况的患者，白内障手术的成功概率是90%。"成功"是指他的矫正视力恢复到1.0，而且不会出现视觉模糊。艾迪医生估计，手术不成功的概率为10%，在这种情况下，他的矫正视力将低于0.2，而且会出现持久的视觉模糊。罗伯特画出了决策树（见图8-1），记录了两种备选方案（手术或者不手术）以及两种可能的结果（成功或者不成功）。每种结果的结局，用两个基本目标（视力敏锐度、清晰度）来描述。决策树清楚地显示出了备选方案的风险预测，但罗伯特发现，他还是很难做出决策。他渴望通过手术消除视力模糊，重新获得基本正常的视力，而且成功的概率很高。但如果手术失败，他的境况会比现在更糟糕，根本开不了车，甚至还不得不放弃他的一些日常体育运动，减少阅读量，或者依赖放大镜和其他辅助措施。

罗伯特的决策的实质是，进行手术的备选方案能给他90%的机会重见光明，但也有10%的可能性使他永远接近失明。够清楚了吗？是的。但依然很难抉择。他应该选择手术，还是为求安全而保持现状？

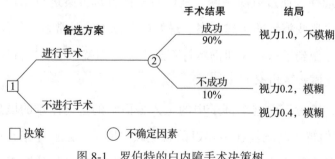

图8-1　罗伯特的白内障手术决策树

你会怎么选择呢？对某个人来说是明智的选择，另一个人可能并不这么认为。你也许决定不做手术，可你家隔壁的邻居可能会选择手术。这取决于人们对待风险的态度。

## 理解你承担风险的意愿

你的风险承受力表示你为了获得更好结局而冒风险的意愿。在罗伯特的例子中，这个更好的结局就是使视力好一些。它主要取决于你认为负面的结果（即任何决策的比较糟糕的结局）与正面的结果相比，哪个对你来说更重要。如果你和大多数人一样厌恶风险，那么，不好的结局就会比好的结局更容易在你心里萦绕不去。越是如此，你的风险厌恶程度越高。因此，要在一项决定中考虑你的风险承受能力，你得仔细考虑你对每种结局相对于其他结局的偏好程度。

为了观察这一点，让我们假设有两个人。威瑞女士（Ms Wary）<sup>⊖</sup>风险厌恶程度中等，考希斯先生（Mr Cautious）<sup>⊜</sup>极度厌恶风险，他们分别对某个有风险的简单选择进行评估。他们要么得到 1 万美元，要么失去 5000 美元，两种结果的概率相等。

他们应该如何选择？必须权衡正面结果和负面结果发生的概率，以及这两种结果对他们意味着什么。在这个案例中，由于正负面结果出现的概率均等，因此，决策将取决于正面结果相对于负面结果对他们各自意味着什么。

考希斯先生对失败的影响十分忧虑，他担心为了支付罚金，他可能

---

⊖　英语单词 wary 意为谨慎。——译者注
⊜　英语单词 cautious 意为慎之又慎。——译者注

需要借钱，或者买不成一些重要的东西。他觉得，即使能得到 1 万美元，这种好结果也不足以弥补同样可能出现的 5000 美元损失。威瑞女士也不希望失去 5000 美元，她知道，一旦这样，她将不得不推迟实施她长期以来一直渴望的公寓装修计划，但她喜欢获得 1 万美元的可能性。用这些额外的现金，她就能把公寓装修得更漂亮一些。正面的结果对她有足够的吸引力，她愿意承担风险。

同样的逻辑不是只适用于上面这种目标（钱）单一而结果有限的情况，而是适用于所有的风险预测。基本的原则是：**一种风险预测的较好的结局，相对于较差的结局的渴求程度越高，你就越愿意去承担这种风险。**

但是，精明的选择也需要在可能结局的渴求程度与结局出现的概率之间做出取舍。如果在以上描述的决策中，获得 1 万美元的概率达到 90% 的话，即使是考希斯先生这么谨慎的人也会动心了。尽管负面的结果仍然不受欢迎，但它出现的可能性显著降低了，对许多人来说，正面结果出现的概率增大，将足以补偿他们对负面结果的厌恶，使他们愿意承担风险。

这些逻辑同样适用于所有的风险预测。**正面结果的可能性越高，负面结果的可能性越低，你就越愿意承担这种风险。**

## 将风险承受力融入你自己的决策当中

考虑在比较风险预测时你自己的风险承受力，可以遵循下面三个简单的步骤：

- 首先，仔细考虑各种备选方案的结局的相对渴求程度。
- 其次，综合考虑结局的渴求程度与它们的发生概率。
- 最后，选择最具吸引力的备选方案。

通过这三个步骤，罗伯特得出了关于白内障手术的最终决策。

（1）**仔细考虑对结果的渴求程度**。罗伯特相信，将视力恢复至 1.0，对他来说意义重大，这样，他又能在夜里开车，还可以比较轻松地打网球和旅游了。尽管视力下降到 0.2 的后果会很糟糕，但他此前经历过视力下降的痛苦，做了很多心理上的调整，因此，对这种结局，他也不是毫无准备。所以，对罗伯特来说，在渴求程度方面，视力降低引起的负面结果，仅仅比视力提高这一正面结果略微严重一点点。

（2）**用概率来衡量渴求程度**。或者，更完整的表述是：用备选方案结果的发生概率来衡量最终结局的渴求程度。假如手术成功和失败的概率均等，罗伯特不会选择手术。但概率并不均等，成功的概率是失败的九倍，这一压倒性的概率，足以补偿失败的负渴求程度略微高于成功的渴求程度这一事实。

（3）**比较和选择**。当罗伯特比较手术与不手术的备选方案的风险预测时，他的选择变得十分清楚了：他给艾迪大夫打电话，预约了手术时间。

## 对渴求程度打分以量化风险承受能力

假设你已经进行了风险预测，并且充分考虑了各种结局的渴求程度和对应的备选方案结果的发生概率，却仍然犹豫不决。这时，你要使每种结局的相对渴求程度更为精确，就得由定性的方法转向定量的方法。你仍需经过类似的步骤（决定渴求程度，用概率衡量渴求程度，比较和选择），不同的是，你要用数字来表达每种结局的渴求程度。现在，我们来熟悉一下这个过程。

**1. 对所有结局的渴求程度打分**

首先，比较各种结局，将它们按照渴求程度由高到低进行排列。对最好的结局打100分；对最糟的结局打0分。然后，对其他的每种结局分别打分，以反映它们的相对渴求程度。例如，如果你觉得一种结局的渴求程度正好在两种极端情况的中央，就给它打50分。最后，进行检查，确认你对所有结局的打分标准是一致的，反映了你对它们的真实感觉，如有必要就做一些调整。

**2. 计算每种结局对于对应的备选方案的总体渴求程度的贡献**

发生概率低的结果对相应备选方案的总体渴求程度的影响，应该小于发生概率高的结果的影响。因此，你得说明每种结果的发生概率。现在，为了确定某一结局对相应备选方案的渴求程度的贡献，你要将与之相联系的结果的概率与第一步中确定的渴求程度的打分相乘。如果你的最好结局（渴求分值100）有30%的结果发生概率（0.3），那么，它的贡献度为30（100 × 0.3 = 30）。当某个备选方案一定会导致某一结果发生时，它的结果概率是1.0，它对结局的贡献与它的渴求分值相等。

**3. 计算每种备选方案的总的渴求分值**

现在，将个别结局的贡献度相加，得到每种备选方案的总渴求分值（请注意，一种备选方案的总渴求分值，是有关的所有结局的渴求分值的加权平均值，权重为与它们相联系的结果的发生概率）。

#### 4. 比较与每种备选方案相联系的渴求分值，做出选择

现在，你已经拥有一个经过量化的坚实的决策基础。比较每种备选方案的总体渴求分值，得分最高的就是精明的选择。

## 运用渴求分值做出艰难的决策

对于大多数的决策，没有必要采取上面提到的为每个备选方案计算总体渴求分值的做法。但对人生中一些最重要和最复杂的问题进行决策时，这种做法往往是可取的。让我们观察玛莉莎·雷耶斯面临的决策。玛莉莎是一位正在攻读工商管理专业的研究生，她得在几天内从两个有吸引力的工作机会中做出选择，每个工作机会都有一些不确定因素。其中一份工作是回到那家她入学以前工作了三年的会计师事务所里，另一份工作是到一家国际性管理咨询公司任职。

两份工作的职业发展前景和薪资报酬基本相当。因此，玛莉莎的决策取决于她对职位的性质和工作地点的要求。她已经意识到一些与职位有关的目标：生活质量，包括城市文化和城市的社会吸引力，住房条件，度假去处，具有相当责任的挑战性工作，以及社会贡献等。

然而，她将接受的实际任职岗位并不确定。由于她六个月以后才会开始工作，两家公司都没有提前承诺给她特定的职位。但是，每家公司都将可能的职位缩小到两种。管理咨询公司可能派她去英国伦敦（那正是她梦想去的地方），也可能派她去阿根廷布宜诺斯艾利斯。会计师事务所可能派她去美国纽约或智利圣地亚哥。换句话说，每种备选方案都有两种可能的结果，因而都具有某种不确定性。

玛莉莎仔细评估了在两家公司可能得到的任职岗位：她使用第 7 章

中描述的技巧，做出了风险预测（见表8-1）。为了判断得到每种职位的概率，她与两家公司的人力资源经理进行了深入交谈。

表 8-1　玛莉莎的工作决策的风险预测

**备选方案：会计师事务所**
**不确定因素：任职岗位**

| 结果 | 概率（%） | 结局 | | |
|---|---|---|---|---|
| | | 生活 | 工作 | 社会 |
| 纽约 | 90 | 很好 | 优 | 尚可 |
| 圣地亚哥 | 10 | 差 | 尚可 | 优 |
| | 100 | | | |

**备选方案：管理咨询公司**
**不确定因素：任职岗位**

| 结果 | 概率（%） | 结局 | | |
|---|---|---|---|---|
| | | 生活 | 工作 | 社会 |
| 布宜诺斯艾利斯 | 75 | 好 | 好 | 很好 |
| 伦敦 | 25 | 优 | 优 | 好 |
| | 100 | | | |

　　玛莉莎发现，定性描述没能给她提供足够的信息，因此，仅仅比较风险预测，还难以做出决策。她决定量化比较两种备选方案。在进行渴求程度打分时，她将四种可能的结果从最好到最差排列起来。如表8-2所示，她将与伦敦相联系的结果排在第一位，纽约排在第二位，布宜诺斯艾利斯排在第三位，圣地亚哥排在最后。她给去伦敦的结果的渴求程度打100分，给去圣地亚哥的结果打0分。她判断去布宜诺斯艾利斯的渴求程度在圣地亚哥和伦敦之间居中，因此，给这一结果打50分。接下来，她判断去纽约的结果的渴求程度在从布宜诺斯艾利斯结果到伦敦结果60%的位置，因此，她给这一结果打的分是80分（80是50到100之间60%的位置）。为检查打分的一致性，玛莉莎又问了一遍自己，是否这

四个分值都反映了她的真实感觉，最终得到了肯定的回答。

表 8-2　玛莉莎对工作决策的结果进行排序和打分

| 选择 | 结果 | 结局 | | | | |
|---|---|---|---|---|---|---|
| | | 生活 | 工作 | 社会 | 排序 | 渴求分值 |
| 咨询公司 | 伦敦 | 优 | 优 | 好 | 1 | 100 |
| 会计师事务所 | 纽约 | 很好 | 优 | 尚可 | 2 | 80 |
| 咨询公司 | 布宜诺斯艾利斯 | 好 | 好 | 很好 | 3 | 50 |
| 会计师事务所 | 圣地亚哥 | 差 | 尚可 | 优 | 4 | 0 |

　　然后，玛莉莎计算了两种备选方案的总体渴求分值（见表 8-3）。她首先将每种结果的渴求分值与对应的结果概率相乘，得到了表中所示的贡献度。然后她将纽约（72）与圣地亚哥（0）的贡献度相加，得到那家会计师事务所的总体渴求分值（72）。同样的，她将布宜诺斯艾利斯（37.5）和伦敦（25.0）的贡献度相加，得到那家咨询公司的总体渴求分值（62.5）。经过仔细考虑和计算，玛莉莎接受了会计师事务所的工作，六个月后被派往纽约。

表 8-3　决定玛莉莎的风险预测的总体渴求分值

| 会计师事务所结果 | 概率（%） | 渴求分值 | 对总体渴求分值的贡献度 |
|---|---|---|---|
| 纽约 | 90 | 80 | 72 |
| 圣地亚哥 | 10 | 0 | 0 |
| | 100 | | |

备选方案的总体渴求分值：72

| 咨询公司结果 | 概率（%） | 渴求分值 | 对总体渴求分值的贡献度 |
|---|---|---|---|
| 布宜诺斯艾利斯 | 75 | 50 | 37.5 |
| 伦敦 | 25 | 100 | 25.0 |
| | 100 | | |

备选方案的总体渴求分值：62.5

## 渴求曲线：打分的捷径

玛莉莎只有四种结果需要考虑，所以，最初对渴求程度打分的工作比较简单。当你面临着许多可能的结果时，打分就会变得困难重重，耗时费力。渴求曲线是一个快捷的解决办法。你可以先标出一些有代表性的结果（通常是 5 个）的渴求分值，然后将它们描绘在一张图上，用曲线将其连接起来。你可以使用这条曲线确定其他可能的结果的渴求程度。

但是，尽管渴求曲线可能十分有益，但它的运用有一个重要的限定条件：只有在每种结果能够用一个单一的数字变量（比如美元、英亩、年、拯救的生命等）来表达时才能使用。我们可以用渴求曲线来描绘投资的回报，赚（赔）了多少美元；某个开发项目对环境的潜在影响，有多少英亩的土地会受影响；一项心脏手术的可能结果，可以延长患者多少年的寿命等。

渴求曲线可能很有用处，因此，往往值得使用等价置换法将以多个变量描述的结果表述为单一的数量形式（在第 7 章的案例里，事故受害者凯伦就是这么做的。她将自己耗费在这场官司中的时间以及承受的心理压力，都折算为相应的金额，因而能够用一个单一变量货币金额来描述她的结果）。

### 一个投资的示例

为了搞清渴求曲线的工作方式，我们来看一下吉姆·南切的决策问题。吉姆用家庭的积蓄来做投资，有两个目标：增值和保值。通过加入投资俱乐部，他现在有机会进行一笔金额为 1 万美元的一年期投资，这笔投资可能获得 87.5% 的回报，也可能损失 37.5%。换句话讲，一年后，他的 1 万美元，可能变为 18 750 美元，也可能变为 6250 美元。吉姆原本打算买入一种更有保障的一年期大额定期存单（CD），回报率是 6%，使他在一年后账面金额达到 10 600 美元。

吉姆知道，这笔投资可能收获 8750 美元利润，也可能亏损 3750 美元，这两种情况代表了个人风险投资的两个极端。同时他也知道，在这两个极端之间，可能还存在许多其他数额的回报，每种回报都有各自的发生概率。使用一种简单的软件程序和公开的行业数据，吉姆和他在投资俱乐部的同伴们为这笔投资做出了风险预测，展示了一系列的可能的盈利（可以用来描述结果和最终结局）及其分别的概率。风险预测可以用表 8-4 中前两列表示。通过分析风险预测，吉姆发现，表中的前三项都会带来亏损，这样一来，总体的亏损概率达到 21%（2% + 6% + 13%）。另外，其他的七项回报率高于大额定期存单，这一概率达到 64%（18% + 17% + 11% + 9% + 4% + 3% + 2%）。

表 8-4　吉姆潜在投资的风险预测

| 概率（%） | 结果和结局：货币回报（美元） | 平均货币回报贡献（美元） |
|---|---|---|
| 2 | 6 250 | 125.00 |
| 6 | 7 500 | 450.00 |
| 13 | 8 750 | 1 137.50 |
| 15 | 10 000 | 1 500.00 |
| 18 | 11 250 | 2 025.00 |
| 17 | 12 250 | 2 125.00 |
| 11 | 13 750 | 1 512.50 |
| 9 | 15 000 | 1 350.00 |
| 4 | 16 250 | 650.00 |
| 3 | 17 500 | 525.00 |
| 2 | 18 750 | 375.00 |
| 100 | | 平均货币回报：11 775.00 |

这一决策的风险预测很清晰，但真正的决策，却远非如此明显。吉姆是应该投资呢，还是转而寻求更加安全的大额定期存单？

为回答这个问题，大多数金融分析人员会先计算私人风险投资的"平均货币回报"。他们将以美元为单位的每种财务结果与其各自的概率相乘，得到表中的最后一列。然后将所有乘积相加得到平均货币回报。在吉姆的案例中，这项风险投资的货币回报是 11 775 美元。由于这个结果只比购买 CD 所能得到的 10 600 美元多出 1175 美元，因此，许多金融分析人员会建议吉姆选择大额定期存单，理由是：确定的 6% 的回报，比起风险很大的个人风险投资来说，更可取得多。

然而，这种方法存在一个大问题。它没有将吉姆和他的问题以及他的家庭的风险承受力考虑在内。对于吉姆来说，即使他是一位风险厌恶者，而且，对他的家庭来说，一定数额的亏损带来的影响，比获得同样数额的利润的影响更大，但是，也有可能这笔私人投资的潜在收益，依然值得他去冒险。

渴求曲线能够解决这个问题。你需要：

- 画一条渴求曲线（通常在文献里称为效用曲线），曲线对每种回报都分派了一个渴求分值，以反映你对回报的主观渴求程度。
- 使用可能的回报的渴求分值以及它们对应的概率来计算它们的总体渴求分值。

我们将告诉你如何运用这种方法分析吉姆的投资。

### 画一条渴求曲线

由于吉姆使用了数字，因此很容易对结果排序。吉姆认为利润多多

益善，因此，他给最高的回报 18 750 美元（即赚得 8750 美元）打了 100
分，对最低的回报 6250 美元（即亏损 3750 美元）打了 0 分。现在，为了
避免对大量的结果的渴求程度打分，吉姆画出了一条渴求曲线。

　　他画了一张简单的坐标图（见图 8-2），横坐标轴表示可能的回报（结
果）的范围，纵坐标轴表示与每种回报相联系的渴求分值。首先，他标
出了两个极端的点：A 点表示 0 分，分派给 6250 美元的结果；B 点表示
100 分，分派给 18 750 美元的结果。这两个点分别表示了曲线的起点和
终点。然后他用自己的判断来确定曲线的中点，它对应的渴求分值为 50
分。由于吉姆将资本的保值作为一项主要的目标，吉姆觉得从 6250 美元
到 9000 美元的渴求程度，与从 9000 美元到 18 750 美元的渴求程度是相
等的，因此他对 9000 美元（C 点）打了 50 分。

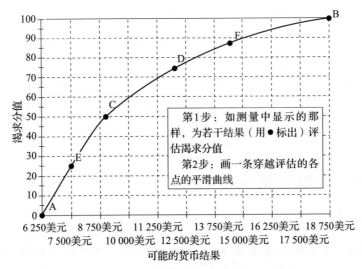

图 8-2　画出吉姆对货币回报的渴求曲线

　　同样地，吉姆将高于和低于 9000 美元的区间划分出渴求程度相同的

区间，根据其不同的回报，分别打了 25 分和 75 分。他认为 1.2 万美元的渴求程度在 9000 美元和 18 750 美元之间，因此打了 75 分（D 点）；对渴求程度在 6250 美元和 1 万美元之间居中的 7500 美元打了 25 分（E 点）。

通常将五个点相连就能够得到一条平滑的、易于看懂的曲线。如果需要更多的点，这些区间又能被重新划分为新的渴求程度相等的区间。吉姆为更好地定义他的曲线，在 D 点和 B 点之间增加了渴求程度的中点——第六个点 F，横坐标为 14 500 美元。它的渴求分值为 87.5 分，在 75 分和 100 分的中点上。吉姆将六个点连起来，画出了一条渴求曲线。

曲线代表了在 6250 美元和 18 750 美元之间的所有潜在回报的分值。比如，从曲线上可以看出，购买大额定期存单这一具有 10 600 货币价值的备选方案，其渴求分值是 65 分。吉姆认为，在使用这条曲线之前，最好先检验一下它的含义，如果有必要的话就加以调整。曲线表明，对吉姆来说，下面的增加值都代表了渴求分值上升 25 分，因而渴求程度的增加是相等的：6250 美元到 7500 美元，7500 美元到 9000 美元，9000 美元到 12 000 美元，12 000 美元到 18 750 美元。吉姆问自己，这些增加的分值，是否反映了他对渴求程度和风险的真实感觉，他的回答是肯定的。

### 使用渴求曲线来做出决策

吉姆现在准备在考虑自己的风险承受力的基础上，再来评估这笔投资。首先，他从曲线上了解了 11 种不同回报对应的渴求分值，记录到他的风险预测中（见表 8-5）。然后，他将每种回报的概率与渴求分值相乘，得到最后一列。最后，他将乘积相加，计算出这项投资的总渴求分值。

表 8-5　计算吉姆在投资中的总渴求分值

| 结果一年的回报（美元） | 概率 | 渴求分值 | 对总渴求分值的贡献 |
|---|---|---|---|
| 6 250 | 0.02 | 0 | 0 |
| 7 500 | 0.06 | 25 | 1.50 |
| 8 750 | 0.13 | 46 | 5.98 |
| 10 000 | 0.15 | 60 | 9.00 |
| 11 250 | 0.18 | 70 | 12.60 |
| 12 500 | 0.17 | 78 | 13.26 |
| 13 750 | 0.11 | 84 | 9.24 |
| 15 000 | 0.09 | 90 | 8.10 |
| 16 250 | 0.04 | 94 | 3.76 |
| 17 500 | 0.03 | 97 | 2.91 |
| 18 750 | 0.02 | 100 | 2.00 |
| | 1.00 | 总渴求分值：68.35 | |

得到的总渴求分值是 68.35。这个值，大于大额定期存单的渴求分值 65，所以，吉姆应该选择这笔投资。

### 通过将渴求分值转换为货币得到更多的洞悉

将总渴求分值转换为货币收益，能够带来新的洞悉，使我们能够用另一种方法来考虑做出有风险的单一目标决策。以吉姆对这项投资的风险预测为例：

- 从吉姆的渴求曲线，我们可以知道，他的 68.35 的渴求分值，对应的货币价值为 1.1 万美元。这说明，这项投资对吉姆的价值是 1.1 万美元。
- 货币价值使吉姆能够对这笔投资带来的收益有直观的感觉。也就是说，和购买 1 万美元的大额定期存单相比，这笔投资将为他多赚 400 美元。

- 分派给风险预测的价值，会影响决策。投资俱乐部的另一位更厌恶风险的成员，可能会对这笔私人投资标价 1 万美元，因而选择大额定期存单。

- 一些不在乎风险的人，可能将这笔私人投资标价为它的平均货币回报 11 775 美元（见表 8-4）。吉姆的标价要低一些，因为他厌恶风险。这两者的差别是 775 美元，被称为风险预测的**风险调整值**。

- 对于一个既定的风险预测，风险调整值是反映你的风险厌恶程度的指标。风险调整值越大，你的风险厌恶程度越高，反之亦然。

你也许更希望不经过正式打出渴求分值的程序而对某个风险预测直接分派货币价值。那样的话，你可以用良好的直觉直接评估一个风险调整值，从平均货币回报中减去这个值，从而得到风险预测对你的价值。这种做法看起来很简单，也很直接，但是要成功运用，你必须记住所有的货币回报、它们分别的渴求程度以及发生的概率。这容易引起思维混乱。

渴求曲线方法将思考过程分解为可管理的部分，你首先考虑你的渴求程度，然后将渴求程度与概率结合起来，计算出合理的价值。

### 解释渴求曲线

吉姆的曲线不但可以帮他做出特定的决策，也能使他深入认识自己对财务决策的一般态度。比如，它表明，避免可能的最大风险（从 1 万美元到 6250 美元，即 3750 美元的亏损）的渴求程度为 60，高于谋取最大的收益（从 1 万美元到 18 750 美元，即 8750 美元的盈利）的渴求程度40。这表示，在决策中，比起赚取同等收益来说，吉姆更看重规避同等金额的亏损，说明他是位风险厌恶者。

　　实际上，如图 8-3 所示，渴求曲线的形状，就很好地反映了你的总体风险承受力。凸的曲线表明厌恶风险，曲率越高，代表厌恶程度越高；直线表示对风险无所谓的态度；凹的曲线表示追求风险的态度。

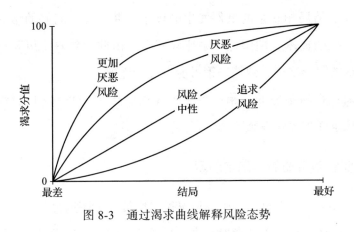

图 8-3　通过渴求曲线解释风险态势

## 警惕这些陷阱

　　我们已经介绍了在决策时充分考虑风险承受力的一些可靠而合理的方法。运用它们，你便能摆脱旧习惯的束缚，避免一些别的陷阱。下面介绍一些需要注意的事项。

### 不要过于看重不利的方面

　　为了避免不好的结局（以及这些结局将带来的遗憾），一些人对他们的备选方案的不利影响过于看重。他们尽力避免麻烦，即使这些麻烦发生的概率很低。然而，在很多情况下，正面的潜力会远远超过负面的风险。

**教训**：考虑全部的结果，而不仅仅是那些糟糕的。

## 不要捏造风险发生的概率

有些人在考虑概率时，有意无意地将自己的风险承受力考虑在内，夸大与坏的结局相联系的事件发生的概率，并且压低与好的结局相联系的事件发生的概率，期望这样会比较安全。由此导致每个风险预测都笼罩在悲观的阴影之中，致使决策可能也过于谨慎。

**教训**：判断不好的后果的发生概率时，不要考虑你的风险承受力。你的风险承受力另作单独考虑。

## 不要忽略重要的不确定因素

有些人根据最有可能发生的情况做出决策，试图通过忽略不确定因素来消除复杂性。他们不愿意费心去进行风险预测，就假设最有可能发生的事件将要发生，确定这种情况下他们能做出的最好选择，然后就这样去做。如果其他的事情发生了，就认为是运气好或者不好。问题在于，其他的事件可能真的会发生，有效的决策过程应当将所有的可能性考虑在内。

**教训**：当某一不确定因素确实重要时，应该为各种备选方案做出各自的风险预测，以把握不确定因素的实质。

## 避免盲目乐观

有些人假定最可能发生的系列事件将要发生，另一些人则假定一些非常好的系列事件将要发生。他们通过玫红色的镜片（即用乐观的情绪）来观察自己的决策。他们的理想化可能是一种个性特征（我们都有一些生性乐观的朋友和同事），但往往只是因为他们在考虑将会发生的事情时不够深入透彻。比如，他们可能设想某个项目按期完工，但没有考虑到所有可能导致推迟的因素。

**教训**：开动脑筋，实事求是，全面考虑事情发展的正负面结果。

### 不要因为问题复杂而回避有风险的决策

有些人被困难吓倒，因而陷入绝望。他们中，有的人苟安于现状，有的人敷衍了事甚至武断，或者让别人帮他们决策。不幸的是，这样的"决策"很少与他们的目标吻合。

**教训**：不要陷入绝望。你可以明智地对付复杂性，做出精明的选择。

### 确保你的下属在做出自己的决策时反映你的组织的风险承受力

政府机构、公司、民间团体、家庭等，都有它们各自组织的风险承受力。如果不加以指导，又没有适当的激励措施，组织中的人们可能做出与组织的风险承受力不相称的决策，要么使组织面临太大的风险，要么令组织过于保守而错失良机。

**教训**：组织的领导者应该采取三个简单的步骤，以便在成功驾驭风险方面引导下属。第一，勾勒出反映组织的风险承受态度的渴求曲线；第二，下发指导原则，将适当的风险承受程度的信息传达给下属，指导原则中应附有典型的处理风险决策的实例；第三，确保组织的激励机制与期望的风险承担行为相符合。

## 通过控制风险来创造新的机会

不论是家庭中的决策，还是工作中的决策，你往往对风险感到不适。

但我们有办法控制风险，使之转变到可以接受的程度。想一想哈利·希利的情况。哈利在俄亥俄州经营着一家从事高风险的钻井业务的小公司，主业是钻探天然气井。每次钻井，哈利都面临着巨大的风险。如果这口井不产气，哈利将损失所有钻井费用，约合 12.5 万美元，天然气价格在一年中的波动幅度可能达到 30%。

幸运的是，哈利得知，他能够采用一些办法来控制风险，这样的办法，早已在金融市场上被交易者广泛使用。

### 分摊风险

当某个好的机会风险过大时，你可以与他人一起分摊这个风险。

在哈利的例子中，钻探一口普通气井的风险预测显示了巨大的负面风险，包括 10% 的可能性不产天然气，30% 的可能性只能回收一小部分钻探成本，以及 20% 的可能性亏损一小部分。哈利在 10% 的情况下保持盈亏平衡，只在 30% 的情况下盈利（当然，在这种情况下，其利润非常丰厚）。

哈利的净资产价值不到 75 万美元，他不希望每次都冒 12.5 万美元的风险，同时，他损失全部或者大多数投资的可能性，高达 40%。因此，他通过与一群投资者分摊风险来控制风险。每位投资者承担一定比例的费用，并按该比例来分享盈利。哈利自己投资他能够安然承受的 2.5 万美元，保留每一口井 20% 的股份。

### 寻求降低风险的信息

通过寻求能够降低不确定性的信息来减少风险。

为降低风险，哈利寻找风险状况较好的钻井地点，经常研究选址处地质情况和附近气井的生产情况：对于边缘地带，他投入了约 1.2 万美元进行地震测试，以消除关于天然气产量的一些不确定因素。

### 分散风险

不要将所有鸡蛋放在一个篮子里。

哈利通过投资股票和债券将他的资产投资多样化，避免所有财富都受制于天然气贸易的反复波动。并且，他通过购买共同基金而不是单只股票，进一步降低了风险（因为共同基金是多种股票的组合，其中一些股票的上涨，能够抵消另一些股票的下跌）。

### 对冲风险

当市场价格的波动或者比率（利率、汇率等）的变化使你面临程度不定的风险时，你可以采用对冲的方式加以控制。

天然气价格的波动，将导致哈利月收入也随之出现大幅度波动，有时，价格连续几个月处于低位，对他的财务状况影响恶劣。通过在商品交易所购买对未来价格的最低价保证（负担一定成本），他能够控制风险。或者，他可以每年与供气公司签订固定价格的合同。哈利通常以固定价格卖出他开采的天然气产量的一半，其余交由市场来决定价格。

### 对风险投保

当某一风险包含一种重要而罕见的负面影响，并且没有正面影响时，应当尽量对它投保，但是不要过度。

井喷或其他意外事故，会使哈利遭受巨大的财产和人员损失。一方面，尽管类似事故的发生概率很低，但只要发生一次，就足以使他倾家荡产。哈利通过投保来控制这种风险。另一方面，他没有为他的敞篷卡车投保车祸险或盗窃险，这是因为他能够承受这样的损失，保险的价值不足以弥补成本。

所有这些方法，有助于通过与他人交易重新构建风险预测，使之更符合决策者的风险承受力，因而有助于控制风险。当你面临一种令你局促不安的风险时，问一问自己："我怎么能够通过与他人的交易来改善我的风险状况呢？"

## 案例 📖

### 该不该庭外和解（续）

凯伦和简现在要考虑决策的最后一个因素：凯伦对金钱的需要，这决定了她对风险的态度。简假设凯伦现在至少拥有21万美元（实施庭外和解，肇事者支付的赔偿金扣除律师费之后的费用）的资产，然后问她，她会用这笔钱来做什么？这笔钱会怎样改变她的生活？凯伦立即做出了回答。

她说："我想了很多。首先，我会还债，5万美元的学生贷款，2.5万美元的医疗费用，8000美元的税。剩下的钱，我会买一辆二手车，也许还换个地方租一套房子，我实在不想继续住在现在的公寓里了。"

"你的工作呢，现在收入如何？"

"你知道的，并不怎么好。我讨厌做销售，而且每年只能挣2.5万美元，我倒宁愿回学校读书，毕业后找一份好点的工作。毕竟，因为手术的关系，我需要休整一段时间。"

简帮她概括道："如果你起诉对方而且败诉了（尽管这不是最有可能发

生的情况，但也有 30% 的概率），那么，你的生活将会一团糟。你会负债累累，无力去做一些原来想做的事情，而且必须维持现在的工作，居住在现在的住处。"

凯伦打断了她："而且，我会因为没有接受到手的 21 万美元感到悔恨和羞耻。我现在的状态够糟了，输了官司就更加雪上加霜。"

萨姆插嘴道："谁说你一定会输？"

简没有理会萨姆，继续问下去："如果你从法庭获得了一大笔赔偿金，你会用它来做什么，你会更幸福吗？"

凯伦答道："如果我有了更多的钱，也会做同样的事情，只是说，可以租一套更好的公寓，买一辆新车而不是二手车，也许会买些衣服，去欧洲和其他地方旅游。我一定要去读研究生。但是，这些都不如一开始的 21 万美元对我的意义重大。"

"在一开始的 21 万美元上，增加多少钱，便能给你带来同样的满意度？"

"几乎要 100 万美元！至少 80 万美元。"

萨姆忍不住了，打断说："凯伦，你在开玩笑吧！怎么能把 20 万美元和额外增加的 80 万美元相提并论呢？"

凯伦回答说："我是认真的。没有那 21 万美元，我就完了，尽管更多的钱会使我更富有一些，但是，比起有一个不错的开始，更多的钱对我来说并没有那么重要。"

凯伦转向简，说下去："这提醒了我。当你迫使我思考对风险的态度和涉及的概率时，我不仅清楚地觉得应该接受庭外和解，拿到那 21 万美元的赔偿金，而且，对这一决定也更加坚定起来。当我想到我怎样使用那笔钱和我将获得的心理平静时，我知道我不值得为了获得更多赔偿金的可能性而去冒所有的风险。"

在考虑起诉的过程中，肇事者已将赔偿金提高到 32.5 万美元。尽管萨姆极为反对凯伦的想法，他还是代表凯伦接受了对方的提议。

## 案例启示

凯伦直到检验了自己的风险承受力之后，才做出了精明的选择。但是，一旦她仔细考虑了种种可能的结果对她的相对渴求程度，她不做更多分析，便做出了决策。我们面临的大多数不确定的决策问题，大都如此。我们对结果重要性的比较进行一番仔细的定性思考之后，往往足以做出精明的选择。

如果凯伦这样还无法决定，她可以使用渴求分值法。也就是说，对可能的结果打分，计算提起诉讼和庭外和解的总渴求分值，然后根据这些分值揭示的事实做出决策。

对于是否该接受庭外和解并拿到 30 万美元赔偿金，萨姆律师的看法与凯伦截然不同，这显示出他们两人风险承受力的巨大差异。对于凯伦的风险承受力，庭外和解是明智的选择；对于萨姆，这意味着保守得过于愚蠢。

有时候，我们需要找一位顾问来质疑我们在风险承受力上的思考（正如萨姆所做的），但是，最终的决策取决于我们对待风险的态度。你绝不能让别人替你决策。在这个例子中，萨姆提出的起诉建议，与凯伦的风险承受力是不相称的。

# 第 9 章

# 相关联的决策

许多重大的决策问题需要你在一些将对未来的决策产生深刻影响的备选方案中做出选择。例如，你对大学专业的选择，可能对你未来职业生涯的选择有重大影响。这样的决策是**相关联的决策**。为了精明地决定现在做什么，你得想想未来可能决定做什么。

当然，所有的决策都会影响未来。在第 8 章末尾的案例中，凯伦决定接受庭外和解，这一决策会对她未来的选择和机会产生显著影响。但未来将处于全新的决策环境中。我们这里要关注的决策类型，涉及现在的决策与未来一个或多个决策之间存在着必要的联系。比如，医生开始对重症患者进行治疗时，要考虑到对可能出现的并发症的对策，以及现在的治疗对未来其他可能实施的治疗方案的潜在影响。

在类似的相关联的决策中，今天的备选方案产生了明天可能的选择，并且影响到这些未来的选择的相对渴求程度。相关联的决策有可能相隔数年之后再产生关联，也可能仅仅相隔几分钟就产生关联，前者比如大学就读专业的选择和之后的职业生涯选择的情形，后者比如高峰时刻开车上班时选择走哪一条道路。无论如何，决策间的联系，使得决策过程更加复杂。

## 相关联的决策是复杂的

这里有一个涉及商业的例子。假设你是一家果汁公司的营销总监，负责一种前景美好的添加多种维生素的果汁的上市工作。你知道，这种饮料的成功取决于它的营销概念，也就是名称、价格、包装、广告等一系列能够在市场上定义这种产品的组合。营销概念将在消费者的心目中树立产品的形象，对购买群体和购买数量产生重要的影响。

你起初将这种饮料的概念定义为年轻人的解渴饮料。市场研究的结果显示，这一概念有很大的概率成功地追踪到目标消费者。但研究同样还表明，另一种现在还没有被完全开发的不同概念可能会更为成功。后面的这种概念需要稍稍改变产品的配方，将市场策略调整为针对 25 ~ 55 岁有活力的成年人的功能饮料。

应该怎样在解渴饮料和功能饮料中做出选择呢？每个备选方案都面临着与销售有关的不确定因素。作为一种功能饮料，这种产品的销量可能远远高于解渴饮料，但假如它失败了，损失也将大大超过解渴饮料可能的损失。

在评估每种概念的渴求程度时，你得考虑将来可能的决策。譬如，假如这种产品最初的销售不理想，你会怎样扭转局面呢？通过不同的广告活动，增大投入，在零售店中搞低价促销？假如解渴饮料的销量低，你还可能把配方改为功能饮料，并在年龄稍长的人群中营销。但如果作为一种失败的功能饮料，不论改变其配方或是重新包装，都不太可能作为一种解渴饮料而引起年轻人的兴趣了。因此，你对概念的选择，与这些未来的备选方案是相关联的。

当然，在实际选定某种概念之前，你可以对功能饮料进行市场研究。研究将减小关于潜在销售量的不确定性，提供更多有助于做出精明决策的信息。但研究是有成本的，并且会推后新饮料上市的时间，而在此期间，竞争对手有可能推出类似产品。值得进行研究吗？

你面临的局面，包含了相关联的决策的所有要素：

- 现在就必须处理一个**基本的决策**（选择哪个概念）。
- 在这个基本的决策中，每种备选方案的渴求程度受到不确定因素的影响（每种产品的销售情况如何）。
- 相对渴求程度也受到当基本决策的不确定因素消失后（也就是说，获得了饮料的初始销售数据）要做出的未来决策的影响（即如何将不成功的产品的推介变得成功）；在做出基本决策前，有一个获取信息的机会（对于功能饮料概念的市场研究），这些信息将减少基本决策中的不确定因素，但是有一定成本（金钱和时间）。
- 典型的决策形式是一系列"决策—学习—再决策—再学习"的过程。

## 通过事先计划，做出精明的相关联的决策

对于相关联的决策做出精明选择，需要搞清楚决策之间的关系。与一项基本的决策相联系的决策有两种形式：

- **信息决策**。这是要在基本决策之前做出的决策。它与基本决策之

间的联系在于，获得的信息有助于你在基本决策上做出精明选择。

- **未来的决策**。这是在得知一项基本决策的结果后做出的决策。它与基本决策之间的联系在于，它的备选方案依赖于你现在做出的决策。

通过将这些联系描绘为一系列决策 – 学习的过程（见图 9-1），你就能搞清决策的顺序以及每一个决策以怎样的方式影响其他决策。

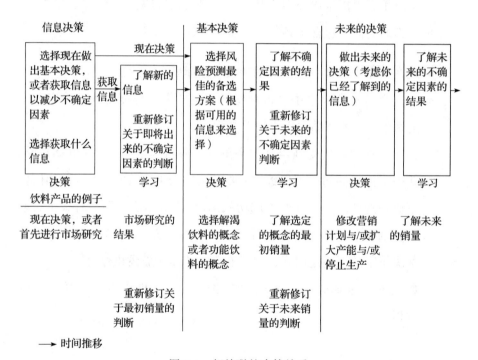

图 9-1    相关联的决策关系

**对相关联的决策做出精明选择，关键在于做好事先计划。** 能够有效地做出相关联决策的人，就像高明的棋手那样，在做出现在的决策之前，早就事先计划好了后面的几个决策。棋手做出一项基本的决策（也就是下出一着棋）并注意到局势的发展（对手会怎么下，化解了不确定因素），在下一个选择前，接着预先计划了下面的几个决策。这样继续下去，一步一步地，你就能够逐渐接近自己的目标。

## 分析相关联的决策的六个步骤

相关联的决策可能呈现出成百上千种潜在的备选方案和结果的组合，这远远超出了人们能够一次性记住的范围。因此，决策的窍门在于估计形势，将注意力集中在那些最重要的方面。你可以简化决策，仅保留其基本特征，达到精明而有效地思考的目的。下面六个步骤能够指引你。

### 第一步：弄清基本决策的问题

我们从一般步骤的最初三个核心要素开始：定义**问题**、规定**目标**、得出**备选方案**。然后认清影响备选方案的结果的不确定因素。不确定因素是相关联决策的症结。如果没有不确定因素，就不存在"决策—学习"的一系列过程，也没有决策之间的联系。

列出不确定因素的清单，然后进行删减，选择一两个对结果影响最大的不确定因素。下面的步骤中可能需要做出这些不确定因素的风险预测。对于次要的不确定因素，对它们的结果做出合理估计。没有必要对所有的不确定因素全都做出全面的分析，比如在营销的案例中，饮料的销售情况是占主导地位的不确定因素。相比而言，生产成本的不确定因素是次要的，因此，只要对成本做出合理的估计就可以了。

### 第二步：辨别减少关键不确定因素的方法

在决策前获取信息，意味着在"决策–学习"过程中的学习部分采取主动。你可以有意识地推迟做出某项基本决策，以便获取能够降低或解决未来的不确定因素的信息，从而优化你的基本决策。例如，某政治家相信他会赢得市议会的选举，因此想参加选举。但如果新的信息表明他的支持率低于预期，他可能得重新考虑他的决定。

为了制定信息收集战略，你得决定什么信息是重要的，如何收集它们：

- 对于每个关键的不确定因素，列出可能降低不确定性的信息，然后判定在获得新的信息以后，你对决策的观点可能怎样变化。比如，那位政治家如果掌握了关于他的知名度和在选民中的声望的清晰数据，就可能降低他对支持率的不确定性。如果只有不到一半的选民对他有好感，他可能得出结论，认为他赢得选举的概率很低，从而改变尝试参选的决定。
- 考虑获得重要信息的途径。要收集关于选民态度的信息，那位政治家可以对一系列目标群体利用电话进行民意测验。

当决定下来需要得到哪些信息以及如何获得后，接下来就要考虑是否值得在做出基本决策之前获取这些信息了。这是第五步中要讨论的内容。

### 第三步：识别与基本决策相联系的未来的决策

为了识别相关的未来的决策，你需要知道基本决策问题中的每个备选方案会引出什么决策。如果政治家决定不参加选举，他需要考虑他的下一步行动。他应该转而支持另一个候选人吗，或者通过设立一个办公室来提高知名度，还是应该开始为下一次选举募集经费？对于相关联的决策，列出你能够想到的所有未来的决策，然后从清单中筛选出看起来最重要的几个。

考虑潜在的未来的决策时，应该想多远？不要太远。寻找一个适当的时间范围，在这个时间范围之中，未来的决策与你的基本决策的结果之间，存在微弱的联系。在大多数情况下，考虑你的基本决策和最多两个未来的决策。尽量保持问题简单。

### 第四步：弄清相关联的决策间的关系

你可以勾画决策树来表示选择和按顺序掌握了的信息之间的关系。决策树应该包括基本决策和与之联系的任何重要的信息决策以及未来的决策。以下这些建议，涉及如何勾画相关联的决策的决策树。

- **把握合适的时机**。什么时候发生什么事情？事情的先后顺序怎样？什么时候能得到关键信息？什么时候该做决策？将你的答案组织成一份图表、时间表或者像图 9-1 那样，帮助你弄清信息、事件和决策如何流动。计划好什么时候应该做出决策或者收集信息对相关联的决策至关重要。

- **勾勒出决策问题的实质**。用你的记录来勾画决策树。从左边开始，依次是信息选择（如果有的话）和结果，然后定义你的基本决策来填满中央部分，最后再用未来的决策和与之相联系的不确定因素来完成右边的部分。尽量保持决策树的结构简单，容易理解。随后根据需要可以添加更多的细节，比如，不确定性的可能的附加结果或者附加选项。

- **描述末梢的结果**。决策树的末梢表示一种特定的备选方案和特定顺序的结果。运用第 5 章和第 7 章中的观点，依据你的基本目标来描述每种序列的结果，记住在未来可能发生的事件和在进程中已经发生的事件。

### 第五步：做出基本决策

为了"解决"你的基本决策问题，你要预先思考，及时回顾。决策树是个很好的工具，从树的末梢开始（右边）向前反推，在每个决策点上，努力思考并决定当你到达该点时会做出的选择。砍去那些表示不会做出的选择的枝节。继续下去，直到你到达基本决策的选项上。现在，你已经为每个选项做出了计划，因而能更清晰地评估它。

在计划的过程中，如果你发现很难在一些未来的决策点上做出决策，可能得用第 6 章～第 8 章中描述的方法来量化你的成本、不确定因素或者风险承受力。但要记住：只在有必要的时候才这样量化。一次只量化一个因素，然后检查是否一项决策已经变得显然。

做出基本决策也包括决定在决策前应收集何种信息（如有必要）。这时，首先回顾你在第二步中整理的清单。然后，对于清单上每个项目，估计收集信息的成本和效益。成本通常包括财力、物力、时间、不舒服的感觉以及延迟的成本。为了搞清你可能从增加的信息中得到的效益，你得知道不进行信息收集工作时你将做出的选择——新的信息只有在它可能改变一项决策时才是有效益的。如果不论有没有这些信息，你都会做出同样的基本决策，那么，收集信息的努力就是不值得的。怎样来排除信息收集的选项？这里介绍一个小测验：问一下你自己，为了消除不确定性，你愿意付出什么。如果某个信息的选择得让你付出较大的代价，超出了你愿意付出的范围，它显然不可取。

### 第六步：将以后的决策视为新的决策问题

时间总在前进。在对你的基本决策问题做出选择（解渴饮料）并了解一些东西（销售情况不好）之后，你该做什么？不论以前准备情况如何，当你已经到达下一个决策点时，应重新考虑局势。你的环境和立场可能已经发生了变化。并且，随着时间的流逝，你到了这个点上，可能比以前看得更远。要运用新的知识来改进你的计划。以前，这是一个未来的决策，但现在，这是一个新的基本决策。

## 运用灵活的计划保持选项的开放性

有时，不确定性很强，环境容易改变，难以令人充满信心地计划未来的决策。急诊室大夫、消防员、新闻编辑和经理人员等，就经常处于迅速变化和发展的局势中。在这些情况下，应考虑开发一些灵活的计划，使你的选择保持开放性。它们具有以下几种形式：

### 全天候计划

与全天候备胎一样，全天候计划适合各种局面，在大多数情况下运转良好，但是在任何一种情况下，可能都不是最理想的选择。它们代表了一种折中的策略。在易变的环境中，彻底失败的风险很高，全天候计划可能是最安全的计划。

### 短期计划

使用这种策略，能在开始时做出可能的最好选择，然后经常对该选择进行重新评估。经理就是这样的，他们在做出某个计划后，每个季度都需要进行修改，以便将中期的业务发展考虑在内。

### 扩展选择的计划

有时候，最好的计划就是采取能够扩展你未来备选方案的做法。例如，如果某家计算机制造商只有一个芯片供应商，它可能考虑扩展供应商名单，比方说，从通常购买的渠道采购90%的芯片，而从另外两家新的供应商那里各采购5%的芯片。这样，当已经建立的供应链中断时，也能很快从别的渠道补充货源。对于这家制造商来说，可能从三家供应商处购买芯片的成本会略高一些，但从长期来看，这种做法能够保全公司的业务。

### "有准备的"计划

后备计划强调有备无患，对于大多数的紧急情况，是合理的应对措施。譬如，许多人在医药箱中准备了急救用品和常用药来应付突发情况；在冰箱里准备一瓶酒或者一罐冰茶以备朋友突然到访。有句老话说得对："成功属于那些有准备的人。"

## 案例 📖

### 丹·摩根应该换工作吗

丹·摩根必须马上下定决心。他现在的工作每况愈下，但是比较有吸引力的工作机会，却存在一些复杂情况。

今年 52 岁的丹·摩根和 45 岁的妻子多丽丝有两个孩子：萨拉 16 岁，高中生；尼克 13 岁，初中生。两个孩子都在公立学校读书。他们一家住在波士顿郊区阿灵顿市的一栋舒适的房子里。多丽丝在附近的小学里教书。学校对她的工作要求严格，但她的收入微薄，每年仅 4.2 万美元，她对这份工作很不满意。

丹·摩根是一位电脑专家（问题在于他既不是工程师，也不是计算机科学家），而是为欧米加软件公司销售软件。欧米加公司一度有过辉煌的业绩，但现在很不景气。在过去的 3 年里，公司已经辞退了许多销售人员，丹·摩根认为，自己迟早也会被辞退或被迫提前退休。

丹·摩根的年薪是 5 万美元外加奖金，前些年，他的奖金曾达到 4 万美元，但现在只有 1.5 万美元。现在，加上多丽丝的收入，一家人过得还不错。但万一丹·摩根失业了呢？在他这个年纪，很难找到与之差不多的工作了。

一个机会出现了。丹·摩根过去的同事比尔·布朗在阿默斯特和别人合伙开了一家计算机网络公司，名叫达康通信公司，离丹·摩根家有 100 英里。比尔想要聘请丹·摩根进行软件和系统销售，年薪 6 万美元，加上 1 万～4 万美元的奖金。达康通信公司正在成长，丹·摩根觉得，如果接受这份工作，未来应该会有保障。达康通信公司急需人才，所以，丹·摩根只有最多 3 个星期的时间决定是否接受这份工作。

丹·摩根和多丽丝一起研究如何来做出这个对他的家庭非常重要的决策。

## 目标

丹·摩根和多丽丝写下了一个目标清单，其中包括了他们认为对家庭幸福有影响的所有因素。

- 丹·摩根的工作质量。
- 多丽丝的工作质量。
- 丹·摩根的薪水。
- 多丽丝的薪水。
- 丹·摩根的工作稳定性。
- 家庭住房质量。
- 文化和社区，主要对丹·摩根和多丽丝而言。
- 萨拉的教育质量。
- 尼克的教育质量。
- 萨拉的社交和娱乐活动。
- 尼克的社交和娱乐活动。

**备选方案**

摩根一家意识到，他们有两个基本的备选方案：丹·摩根要么留在欧米加公司工作，要么接受达康公司的工作机会。

到底去哪家公司，一家人看法不一。萨拉和尼克强烈主张留在阿灵顿，尽管他们知道父亲失业会给他们带来严重影响。比如，他们可能不得不利用课外时间工作，家里会取消暑期度假的计划，更重要的是，他们可选择的大学范围会缩小。多丽丝很矛盾，虽然她不愿意继续目前的工作了，但是在阿灵顿住了那么久，她有点舍不得离开，况且她和丹·摩根的父母都住在附近。丹·摩根则倾向于换工作，对他来说，这意味着新的挑战和开始，他对此很兴奋。

### 不确定因素

丹·摩根和多丽丝都感到了不确定因素的严重:

- 丹·摩根现在的工作稳定吗? 他的奖金会不会有所提高,还是保持不变或是继续削减? 他会被辞退或者被迫提前退休吗? 如果会,什么时候?

- 如果丹·摩根接受了达康公司的这份新的工作,他会经常出差吗? 他做好这样的准备了吗? 估计的奖金数额到底可靠不可靠? 丹·摩根能够和新同事合得来吗?

- 如果搬家,多丽丝能够在阿默斯特找到一份满意的工作吗?

- 萨拉不想搬家。一旦搬家,她能适应吗? 阿默斯特的学校,比不比得上她现在就读的学校? 萨拉还参加了大提琴培训班,而且颇有进展。她在阿默斯特能够得到同样的指导吗?

- 尼克能够适应吗? 他在中学的自然科学和计算机课程上表现出色,并且一心想进阿灵顿的高中足球队踢球。阿默斯特能够有同样的条件满足他的兴趣吗?

### 信息决策

为了解决这个难题,多丽丝想到了另一个有创意的备选方案:努力探索,设法获得信息。丹·摩根试图从欧米加公司请一段时间不带薪的假,尝试着先到达康公司工作。这种做法能使他获取一些信息,但带来了一些新的不确定因素。欧米加公司愿意给丹·摩根 6 个月的不带薪假期吗? 假期结束后,如果公司得以与他们的重要客户国防部续签合同,他们可能

（但不一定）会继续雇用他。如果丹·摩根留在欧米加公司，而该公司得到了国防部的合同，公司就会保证至少在今后3年内不会辞退丹·摩根。反过来，达康公司可能并不愿意接受丹·摩根6个月的试工作期，公司可能会考虑其他的求职者。

摩根一家必须在一周之内决定是否采取这个获取信息的策略。他们已经考虑过假如丹·摩根暂时在达康公司工作几个月的情况或者选择在达康公司长期工作后的居住问题。由于现在是2月份，正是学年的期中，因此他们会继续在阿灵顿住到6月份。丹·摩根上班路上要花2个小时，所以他要在达康公司附近租住临时公寓。一周内有1~2天，丹·摩根会在阿灵顿家中利用电话或传真远程工作，这样，每周丹·摩根离家的时间是3~4天。

多丽丝将会利用即将到来的假期到阿默斯特找工作。夏季来临时，一家人还会到阿默斯特住一段时间，弄清搬家对每个人意味着什么。如果夏天过后，萨拉还是坚持留在阿灵顿，她可以和朋友一起租房子，一直住到高中毕业。如果他们选择在9月份搬家，尼克必须要和父母一起走。

### 时间表

不论怎样选择，在8月份他们将对丹·摩根的新工作、多丽丝的工作机会和孩子们的反应有一定了解，他们也将得知国防部是否会与欧米加公司续约。

有了这些信息，在8月底的时候，丹·摩根可以继续新一轮选择。如果他留在欧米加公司，而该公司没有得到国防部的合同，他将会失去工作；他可以看看达康公司是否还有工作机会。如果他选择了去达康公司工作，发现情况不理想，而国防部与欧米加公司的合同续签了，他将会与欧米加公司联系，请他们继续录用他。如果他选择请假到达康公司工作以获取信息，他可以视情况考虑回到欧米加公司或者留在达康公司。

9月初，丹·摩根应该知道他是否会有一份工作以及在哪个公司工作。如果那时他没有得到任何一份工作，他会尝试去别的公司应聘。但是，他报出的薪金水平和年龄，决定了找到其他工作的机会很渺茫。

丹·摩根和多丽丝总结了决策的顺序，搞清了在今后的9个月内将要发生的事情（见表9-1）。

表 9-1　摩根一家的时间决策表

| 2月份 | 2月份~6月份 | 6月份~8月份 | 8月份 | 9月初 | 9月份 | 9月份以后 |
|---|---|---|---|---|---|---|
| 决策 | 学习 | 学习 | 学习 | 决策 | 学习 | 决策并学习 |
| 留在欧米加公司观望 | | | 国防部的合同？ | 如果没有拿到国防部的合同，尝试达康公司的工作 | 达康公司的答复 | 如果欧米加公司和达康公司都答复"不行"，则找新工作 |
| 在达康公司临时工作以获得信息 | 达康公司的工作性质如何？出差多吗？有没有教师职位？代课教师的工作能接受吗？生活质量如何？住房、便利设施如何？萨拉调整得怎样？尼克调整得怎样 | | 国防部的合同？ | 如果拿到国防部的合同，留在欧米加公司或者到达康公司工作 | 达康公司和欧米加公司的答复 | 如果欧米加公司和达康公司都答复"不行"，则找新工作 |
| 跳槽到达康公司 | 达康公司的工作质量如何？出差多吗？有没有教师职位？代课教师的工作能接受吗？生活质量如何？住房、便利设施如何？萨拉调整得怎样？尼克调整得怎样 | | 国防部的合同？ | 如果拿到国防部的合同，留在欧米加公司或者到达康公司工作 | 达康公司和欧米加公司的答复 | 如果欧米加公司和达康公司都答复"不行"，则找新工作 |

### 决策树

为了帮助决策，丹·摩根画出了决策树（见图 9-2），表明了从现在到 9 月初要做出的决策，以及在此过程中要获取的信息。他用方块表示每项决策，用圆圈表示不确定因素，用字母表示每个结果。

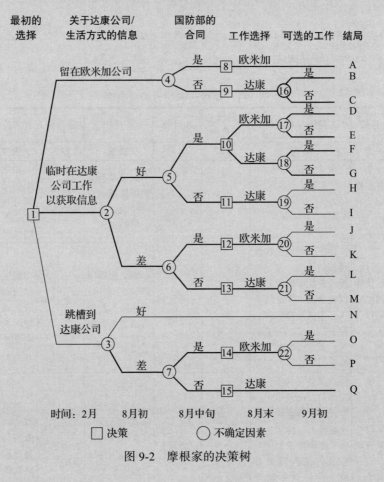

图 9-2　摩根家的决策树

丹·摩根和多丽丝细致地观察了决策树。他们的第一个决策（决策 1）

有三个备选方案：①留在欧米加公司；②跳槽到达康公司；③临时在达康公司工作以获取信息。如果丹·摩根留在欧米加公司，在 8 月中旬，他将得知国防部的合同是否续签（不确定因素 4）。如果续签，他将继续为欧米加公司工作（决策 8）；如果没有续签，他将放弃在欧米加公司的工作，看看在达康公司还有没有工作机会（决策 9）。在 9 月初得到答案（不确定因素 16），如果还有工作，他会接受，这一路径的结果标为 B；如果没有工作，结果标为 C，这个结果很糟糕，他不得不到别处找工作，机会很渺茫。

如果丹·摩根在决策 1 处选择换工作，到 8 月初，他将会知道是否应该在达康公司工作，以及阿默斯特是否适合他的家庭（不确定因素 3），如果形势不好，国防部的合同又续签了（不确定因素 7），丹·摩根将在欧米加公司工作（决策 14）；如果合同没有续签，丹·摩根将继续在达康公司工作，但是设法寻找一份新工作（结果 Q）。

运用决策树，即使是更加复杂的情形，也就是这个案例中的备选方案 3 的情况，也能够一清二楚地展示出来。

画完决策树后，多丽丝说：“决策树使我们的决策问题一目了然——我们知道和不知道的，信息何时能够获得，以及我们接下来需要做什么。但是，它没有给出关于我的工作和孩子们的适应情况的信息。”

丹·摩根回答道：“这些情况当然都很重要，但是为了容易些，我把它们包括在‘对家庭整体的影响好或者不好’这个大的不确定因素中了。”

“那么说，在决策树中，我和孩子们关心的问题都考虑进去了？”

“是的，你我关心的问题，以及我们的决策对整个家庭的影响，都通过结局 A～Q 包括进去了。”丹·摩根继续解释说：“每种结果都总结出了，通过对应的选择路径达到这一点时，我们的状况如何。”

多丽丝恍然大悟："我明白了。对家庭来说，A 的结果很棒，B 的结果也不错，M 的结果很糟糕。但是有一些还不确定。比如 E 的结果，在达康公司工作状况不好，欧米加公司与国防部的合同签下来了，但等你回到欧米加公司时，如果他们把这份工作给了别人，你不得不回到达康公司争取长期工作的机会。但如果他们不愿意给你这个机会呢？"

"他们就是想利用这种可能性迫使我现在就接受这份工作。"

"也可能你对那里的工作很满意，但他们对你不满意。"多丽丝调侃道。

丹·摩根笑起来："我想有可能。出现 E 的结果，生活也还得继续下去。我们可以从这里把决策树延伸下去，加高或者增加分枝。现在要做的是对结果 A ~ Q 打分，反映它们对家庭整体而言的渴求程度。"

"如果留下来，我们可能会得到 C 这个僵局。"

"如果换工作，我们也可能得到 P 或者 Q 这种糟糕的结果；但是它们比 C 要强一些，因为我可以在达康公司工作，即使我不喜欢这份工作。现在看起来我们要考虑两件事：首先，不确定因素的可能性有多大；其次，不同结果的相对渴求程度如何？"

"我同意。"多丽丝说。

"如果用决策树我们还想不清楚的话，我们就得量化一些因素，以便于比较。但是，我们不需要量化所有的因素，只要足够决策就可以了。我认为，现在有两种关键的不确定因素。我们对它们分派概率好吗？"

多丽丝表示同意。丹·摩根继续说下去："首先，欧米加公司得到国防部的合同的可能性有多大？我认为可能性可以对半开，但大多数同事都很乐观。所以我把不成功的概率降低到 30%。"

多丽丝说道："我倾向于先把成功的概率定为 80% ~ 90%，这样能够简化我们的决策。”

“好吧，”丹·摩根同意，“那么，下一个不确定因素的概率就很重要。”

“是你试着在达康公司工作并且喜欢那里，因此申请长期工作的时候吗？”

“正是。我觉得他们有 25% 的可能性会拒绝我，他们也许发现一些更合适的人或者对待遇要求更低的人，或者觉得我的表现不如预期，我也可能会和新老板合不来。”

多丽丝说：“这些信息足够了，我现在要把我的选择写下来。”

“我也知道该怎么办了，我应该立即接受达康公司的工作。这是你准备写下来的选择吗？”

“当然是的。但是我有一些过程方面的建议。我们把这个决策告诉孩子们和朋友们，推迟几天再告诉欧米加公司和达康公司。如果我们必须要再加考虑，那得做更多的量化工作。”

### 案例启示

丹·摩根和多丽丝用我们在本章描述过的六个步骤来解决他们的决策问题。现在，让我们来回顾一下整个过程。

**第一步：弄清基本决策的问题。**摩根一家的基本决策问题是丹·摩根是否应该留在欧米加公司或者跳槽到达康公司去。夫妻二人列出了每个家庭成员的目标以及他们面临的众多不确定因素。接下来，他们将不确定性因素减少到四个，以集中精力解决重要的问题。

**第二步：辨别减少关键不确定因素的方法。**丹·摩根和多丽丝找到了另外一个备选方案来获取关于他们所面临的不确定因素的信息。通过丹·摩根在达康公司临时工作一段时间，全家在阿默斯特度暑假，他们能够得到很多相关的信息。他们只考虑了一种其他的选择，而实际上可以考虑更多的可能性。比如，丹·摩根可以尝试为达康公司工作，但不用在夏天把家搬到阿默斯特，或者继续在欧米加公司工作，同时在波士顿找另一份工作。但是为了使决策容易些，丹·摩根没有考虑更多的选择。

**第三步：识别与基本决策相联系的未来的决策。** 在现在的关于工作的决策之后，摩根夫妇俩还考虑了将来的决策，包括可能需要再次换工作。由于许多信息要到夏天结束时才能获得，他们选择9月份作为下一个决策的时刻。

**第四步：弄清相关联的决策间的关系。** 为了弄清决策间的关系，丹·摩根和多丽丝先制定出了时间表，在此基础上，丹·摩根画出了决策树。在"获取信息"这一备选方案后，丹·摩根本来可以画出很多结果，分别描述每个家庭成员得到的信息。但为了保持决策树的简单，他只画出了两个枝干：对家庭来说好的和不好的结果。

在该决策树上，除了在决策10上在欧米加公司和达康公司之间的选择不明朗外，在决策点8～15上都只有一个分枝。对那些明显较差的选择可以不予考虑，避免产生不必要的复杂性。

摩根夫妇觉得在树的末梢处标出结果就能使他们明了，不需要做更多的文字描述。他们转而讨论一些结果的好坏程度，比如C结果会使他们陷入僵局，因为将来找工作会很困难。

**第五步：做出基本决策。** 通过预先考虑和回顾，摩根夫妇已经搞清了他们的基本决策的选择。对于"留在欧米加公司"这一选择，他们计划，如果欧米加公司得到国防部的合同，就继续留在欧米加公司，如果欧米加公司没有得到国防部的合同，丹·摩根就去达康公司找工作，如果还不成功，丹·摩根就要另谋出路。

摩根夫妇面临多种不确定性，但是他们仅仅量化了两个不确定因素，就做出了他们的基本决策。这些量化的判断，使他们有信心决策。但有时候，你得做更多的量化工作，甚至使用第 6 章提到的等价置换法，在结果之间做出取舍。

**第六步：将以后的决策视为新的决策问题。** 丹·摩根和多丽丝选择在 2 月份去达康公司工作，并且把家搬到阿默斯特。8 月底时，他们得到了很多信息。丹·摩根并不完全喜欢他的新工作：出差太多、与上司不和；但是多丽丝很开心，她在附近找到了一份非全职教师的工作，并利用业余时间在马萨诸塞大学修历史课程，得到学位后可以去教高中；萨拉与原来的男友分手了，因此很愿意离开阿灵顿；尼克正准备升入高中，他不喜欢现在的足球教练，很怀念过去的伙伴。他们还没有卖掉阿灵顿的房子。欧米加公司出人意料地与国防部续签了合同。丹·摩根想回到原来的岗位工作。他应该试试吗？

我们的建议是把这个问题视为全新的决策。丹·摩根和多丽丝应该重新考虑家庭的情况，更多地考虑未来，更仔细地考虑现在比较重要的方面。

## 坚持全面看待问题

树立相关联的决策的意识，是一种既有好消息，又有坏消息的情形。坏消息是，由于相关联的决策极其复杂，而且往往都很重要，因此，必须高度重视；好消息是，随着复杂性和重要性提高，我们在决策时的系统性和量化的思考能力，也会相应提高。只要知道了决策之间如何联系，并且具有一定远见，就已经能够对做出精明的决策很有帮助了，也能够在实际上避免许多盲目的选择。

因此，必须坚持全面看待问题。比起简单的决策，相关联的决策可能更加令你感到不安，但是，如果能够做出相关联的决策，你的成就感也会高得多。就好比滑雪，在初学者区滑相对容易，但如果你能到高手区去滑，会更加自豪。久而久之，在相关联的决策上做出精明的决策，会对你的生活和职业产生非常积极的影响，影响之深远，大大高于在所有简单的决策上做出完美的决策的总和。

# 第 10 章

# 心理陷阱

本书通篇都在阐述如何系统地思考那些艰难而重要的决策。到目前为止，你已经能够很好地辨别并避免人们在决策时所犯的八个最常见和最严重的错误了。它们是：

- 找错了决策的问题。

- 没有识别主要目标。

- 没能提出一系列优秀的、具有创造性的备选方案。

- 忽视了其他备选方案的至关重要的结果。

- 取舍时考虑不够充分。

- 忽视了不确定因素。

- 错误估计了风险承受力。

- 在做出相关联的决策时缺乏事先计划。

但是，除了这些程序上的错误外，还有一类完全不同的错误，即使你做了最为谨慎且细致的思考，可能也无法避免，我们称之为"心理陷阱"。事实上，这类错误的出现，应当归咎于你自己，是你自己的思维欺骗了你。

半个世纪以来，心理学家和决策研究者就开始研究我们的思维在决策时所起的作用，无论在实验室还是现实世界中，这方面的研究成果揭示，人们已经无意识地形成了固定的程序来处理各种复杂的决策和判断，这些固定的程序被称为"启发法"，它在大多数局面下对我们有益。例如，我们在判断距离时，潜意识中已经具备了固有的尺度，景物越清晰，则距离越近；景物越模糊，则距离越远。正是这种简单的思维方式，帮助我们在纷繁复杂的世界中顺利前行。

然而，和大多数的启发法一样，这些简单的思维并非颠扑不破的真理。例如，在起雾的日子，周围的景物就变得模糊起来，一切似乎都比平时远了许多，而实际上，它们都在原地没有移动，是我们的眼睛欺骗了我们。尽管这样的判断失误对大多数人无关紧要，但对于飞行员来说就不一样了，哪怕是微小的判断失误，也可能带来灾难性的后果。这就是为什么飞行器都必须使用客观的测量仪器，而不能依靠驾驶员的视觉的原因。

研究人员已经发现，人们惯常的思维存在一系列缺陷。有些缺陷，如启发法等，表现为错觉；有些缺陷则表现为偏见；还有一些则显现为思维缺乏理性，并且反常。这些缺陷的最大危险在于它们十分不易察觉，存在于人们思维的固有模式中，即使人们已经陷入其中，也无法发现，以至于在不知不觉中犯下错误。

虽然人们不可能根除思维中这些根深蒂固的缺陷，但可以学着了解并弥补它们。在本章中，我们将探索最普遍的心理陷阱，了解它们如何影响人们的决策。通过熟悉它们并掌握它们可能采取的存在形式，我们可以确保自己所做的决策合理和可靠。牢牢记住，**对付这些心理陷阱的最好防御手段是了解和掌握它们。**

## 过度信赖第一个想法：先入为主的陷阱

想一想你会怎么来回答以下两个问题：

- 土耳其的人口是否超过 3500 万？
- 你估计土耳其的人口最接近多少？

如果你像大多数人一样，那么，第一个问题中所引用的数字（事实上，该数字是我们任意选择的）直接影响了你对第二个问题的回答。在过去的几年里，我们进行了许多这一类的测试。在测试第一个问题时，对其中一半的测试对象，我们使用了 3500 万这一数字；另一半则将 3500 万替换为 1 亿。测试的结果发现，第二个问题的答案与第一个问题所使用的数字成正相关。这个简单的测试，揭示了普遍存在的一种思维方式：先入为主。在考虑某项决策时，我们的思维往往对最先接收的信息过于依赖。最初的印象、主意、估计或者数据，都会影响到以后的考虑。

所谓"先入为主"的现象，有许多表现形式。它们可能看起来非常简单而且无关紧要，就好像你周围的人说的一句话，或者你所看的报纸中的一个统计数据。它们可能就存在于你对决策问题的描述语言当中。最普通的先入为主就是过去的实践和趋势。医院在预测将来一段时期内的就诊人数时，往往参考过去同期内就诊人数的记录，在这里，参考历史同期就诊人数的记录，就是一种"先入为主"，预测者在这一基础上根据其他因素进行调整，得出对将来一段时期内就诊人数的预计结果。虽然这种方式常常可以帮助我们获得较准确、合理的结果，但由于它往往太看重过去的记录，以至于没有足够重视其他因素的存在。特别是在瞬息万变的环境里，依赖历史数据的思维定式，不能准确地进行预测，并使选择受到误导。

无论"先入为主"的现象以何种方式存在，毫无疑问的是，它具有确立决策条件的作用，往往被精明的谈判者用作讨价还价的策略。例如，你想买一件艺术品摆放在客厅，以显示你的品位，也使客厅更具生活气息。你在某位艺术品经销商那里发现了一幅独特的、十分引人注目的油画，它的作者是位不知名的年轻画家，从来没有人买过他的画，所以，你无法获得市场价值的参考，甚至，画作上也根本没有价签。你心头暗自估计，这幅画大约价值 1200 美元，但当你和经销商讨论价格时，他一开价就是 2800 美元，打破了你的事先估计（尤其是你根本不懂艺术，纯属附庸风雅），你顿时方寸大乱，不知不觉中就屈从了经销商的开价，从 2800 美元开始往下与经销商讨价还价，岂不知已经中了他的圈套，最终你们谈好的价格，很大程度上已经受到经销商开价的影响。在这里，2800 美元在你的脑海中已经"先入为主"了。

**如何对付"先入为主"的陷阱？**"先入为主"对决策的影响已经被数千次测试所证明：所有做决策的人，包括医生、律师、管理者、农场主、学生，等等，都受到它的影响，它的存在如此广泛，以至于没人能逃脱它的影响。不过，我们相信，如果采取以下方法，完全可以减轻"先入为主"的影响。

- 从不同角度考虑问题，试着换一个出发点或方法来思考，不要将思维凝固于某一个方面。在尝试了多种方式后，注意发现和总结不同方式间的差异，取长补短。

- 在咨询他人前先进行独立的思考，避免他人的意见在你脑海中形成了"先入为主"的印象。
- 尽可能多地征询和获取他人的意见，保持思维的创新力，要具有开放性的思维方式。
- 向他人征求意见时，不要过多地讲出你自己的主意、估计和观点，以免造成在他人的脑海中产生你的想法"先入为主"的现象，否则，你可能事与愿违。
- 在谈判前做好充分准备，可以降低受到对方思维影响的可能性。

## 消极被动：保持现状的陷阱

设想你继承了 100 股蓝筹股，这些股票都不是你本人买的。那你打算如何处置这笔意外获得的财富呢？你可以选择出售，也可以选择再投资，只需要支付极少的佣金，而且还不用缴税。你会怎么做呢？

一个很奇怪的现象发生了，在回答这个问题时，绝大多数人会说，他/她既不出售，也不进行再投资，就这样很好，应当尽量避免采取行动，不愿改变现状。他们总是说"也许我可以以后再考虑这个问题"。于是，机会就在一个又一个的"以后"当中白白丧失了。

事实上，绝大多数的决策者总是对改变现状的备选方案带有很强的偏见。在人类历史的进程中，考证每一个新鲜事物产生时遭遇到的情况，我们总能够发现这种偏见。第一辆汽车诞生时，人们称之为"不用马拉的马车"，它看起来确实非常像被它代替了的马车。当第一份电子报纸出现在互联网上时，它的版式与纸质报纸也相差无几。

　　大量的心理实验表明，人们依赖现状，而不愿打破它。在一次实验中，研究者在一群实验参与者中随机地派发礼物，其中一半的人获得了一个漂亮的杯子，另一半人则获得了一块瑞士巧克力。研究人员告诉他们每一个人，大家可以自由地互相交换礼物，用杯子换巧克力，或者用巧克力换杯子。结果如何？如果你也在场，也许你会用杯子去换巧克力。事实上，大约只有 10% 的人试图与他人进行交换。保持现状的心理陷阱在许多人心中是多么的强大啊，哪怕他们的"现状"只是几分钟之前随机造成的，他们也"非常"乐于接受！

　　其他一些实验进一步表明，当面临更多选择时，人们保持现状的心态表现得更为强烈，因为面对更多的选择时，需要付出更多的努力。

　　**如何对付保持现状的陷阱呢？** 首先要记住，在任何一种特定的决策中，除非不做变动是最佳的选择，否则，就应积极考虑其他方案。以下一些方法也许可以帮你。

- 始终牢记你的目标，并将它与现状进行对比，也许你会发现，如果不改变现状，将不可能实现目标。
- 不要认为固守现状是唯一的选择，而是仔细考虑所有可能的方案。
- 问一问自己，如果现状并不存在，而只是一种备选方案，你是否还会选择它。
- 不要夸大改变现状需付出的努力和代价。
- 对现状进行严格的测试，考虑各种可能发生改变的因素，而不是仅仅用现状是什么来和其他的方案进行简单比较。
- 如果明显存在多种优于现状的方案，就不要再对现状依依不舍，果断将其抛在脑后，强迫自己做出选择。

## 保护以前的选择：沉没成本陷阱

3 个月前，你那辆已经开了八年的旧车突然发生故障，你要么得花3000 美元进行大修，要么将它报废，重新买辆新车，而你选择了维修！可现在，它的变速器又有问题了！同样也有两种选择，如果维修变速器，你得花 1500 美元，或者，你也可以把车送进回收厂，然后买辆新车。同时，你清楚地知道，这辆车迟早还要出毛病，虽然你打心眼儿里不希望这种事情发生，但没办法，还有一笔不菲的开销在等着你。此时，你会怎么办呢？

测试的结果表示，如果你同大多数人一样，那你也宁愿选择花 1500美元去修理变速器，因为考虑到不愿意损失 3 个月前刚刚投入的 3000 美元的大修费。实际上，这是一个愚蠢的选择。如果由于某种原因，你不必支付 3 个月前车子大修的那笔费用，这次你还会花 1500 美元修理变速器吗？几乎肯定不会。这就是问题的关键。真正重要的是车子的现状以及两种方案在经济方面的优劣。过去的就让它过去吧，情况已经发生了变化，当时的选择与现在的情形并不相关。

正如上述例子所证明的那样，人们在决策时总倾向于能够证明以往的选择是正确的，即使以往的选择是多么的无效和不合理。以往的选择和付出，在经济学中被称为"沉没成本"，意思是过去的投入，包括时间和金钱等，对目前来说，都是不可能收回的成本。只要人们理性地考虑，应该能够明白，沉没成本与现在并不相干，但是，大部分人无法摆脱它带来的心理折磨，导致做出错误的决策。于是，人们会拒绝出售已经遭受了损失的股票，从而错过其他更好的投资机会；于是，人们会花很大努力帮助一个根本不适合干这份工作的员工提高业绩，而实际上一开始就不应当雇用他。我们需要牢记的是，我们的决策影响的只是将来，而不是过去。

为什么人们不能将自己从过去中解放出来呢？有时是因为糊涂，但很多时候是因为不愿意承认自己以前犯的错误（不论那些错误是由于运气不好还是决策失误所造成的）。认识到一个错误决策的存在，也许是纯属私人的问题，仅与个人的自尊心有关，但很多时候，它被人们视为公共问题，会引起朋友、家人、同学或上司的批评意见和否定的看法，在这种环境下，就可能影响你做出正确的决策。例如，如果你解雇了最近招聘的那个老是交不出优异业绩的员工，就等于公开承认自己刚刚犯了一个错误，于是，让他留下成了自我安慰的最好选择，虽然你已经一错再错了。

**如何对付沉没成本陷阱？** 在做任何决策时，你都得自觉地将一切沉没成本排除在外（无论是心理上的还是经济上的），因为它们会干扰你对当前问题的思考。

- 挑选并列出那些未参与以前的决策的人，倾听他们的观点和看法，因为他们不会受到以前决策的影响。

- 检讨并承认自己以前的错误决策，看看自己为什么受困扰。如果只是为了维护自己那受伤的自尊心，那就需要勇敢地正面解决它。时刻提醒自己，再聪明的选择，都可能带来不好的结果。经验丰富的决策者，也无法避免做出错误的判断。记住沃伦·巴菲特（Warren Buffet）的一句名言："如果你发现自己已经陷入黑洞中，你所能做的最好的决策就是停止往下挖。"

- 如果你是担心他人不理解，那么，将这一结果也纳入你的决策过程，考虑好如何向他人解释你的新选择。

- 如果你害怕下属在工作中存在陷入沉没成本陷阱的问题，可以选择一个没有参与过以前决策的人来做新的决策（如下例）。

-------------------- 避免沉没成本偏见：重新安排银行业务员 --------------------

沉没成本的偏见在银行业中普遍存在，并且带来了极严重的后果。某家贷款企业的业务陷入困境，信贷员通常会为该企业提供更多的资金，指望它能获得喘息之机而恢复元气，如果该企业确实从困境中走出来了，这不失为一次成功的投资；然而，如果它失败了，银行将亏损更多的资金。

15 年前，我们帮助一家美国银行追收不良贷款时发现，原先负责发放这些贷款的业务人员，更倾向于主张为原来已经贷过款的企业发放更多贷款，以帮助他们，而后来介入贷款业务的人员，持上述主张的则明显较少。显而易见的是，最初负责发放贷款的业务员已经深深陷入了沉没成本的陷阱中，他们在自觉或不自觉地维护他们之前做出的错误决策。这家银行最后制定了一项政策，立即为这些不良贷款重新指定了负责人。新的负责人能够带着新的、无障碍的眼光来决定如何处置这些不良贷款。

-------------------------------------------------------------------------

## 看自己想要看的：证实性陷阱

一段时期以来，你一直担心股票市场已经很火热了，似乎已经背离了经济大环境，此时，你决定要出售你的大部分投资组合，并且对货币市场共同基金进行投资。但是，在要求你的经纪人这么做之前，你想验证一下这个举措是否明智。于是，你和一个朋友联系，想听听他的意见。他在上周刚刚卖光了他的投资组合。他告诉你，市场肯定要下跌了。这时，你应该怎么办呢？

你最好别让这次谈话的内容成为束缚思维的枷锁，因为你已经陷入了证实性陷阱。什么是证实性陷阱？简单说，就是已知结果，而后寻找支持这种结果的论据的求证方法。证实性陷阱将诱导我们着力寻找那些支持已有观点的论据和信息，而有意忽略那些不利于已有观点的证据。在上面的例子中，你的那个朋友本人已经卖光了所有的投资组合，你怎么能指望他给你提"不要抛售股票"的建议呢？

这种证实性陷阱不仅影响到我们如何收集证据，同时还影响到我们如何理解证据，它会使我们对支持信息予以强烈关注，而忽视那些反对信息。举个例子，如果你阅读了某本投资杂志关于股票市场的分析后，你很可能就改变了出售股票的想法，而更关注是否应该继续持有。

在针对这种现象的一项心理研究中，研究者将参与者分成两派：一派支持死刑，另一派则反对死刑。研究者为这两派人提供了两份关于死刑的详细研究报告，一份报告证明死刑是有效的刑罚，另一份报告则证明相反的观点。支持死刑的一派既阅读了支持他们观点的报告，也阅读了反对他们观点的报告；反对死刑的一派也同样阅读了这两份报告。尽管这两派人都看到了那些支持相反观点的十分客观的证据，但他们都声称，通过阅读两份报告，反而更加坚定了自己的立场。这是因为他们都不自觉地接受了那些支持自己立场的信息，而忽视了反对信息。

人们的内心有两个基本的心理因素在发生作用：第一，人们总是倾向于先下意识地决定怎么做，再去充分了解为什么要这样做；第二，人们总是被那些自己喜欢的事物所吸引，而忽略那些自己不喜欢的。例如婴儿时期的表现，这一点特别明显。因此，我们自然对所支持的信息更加敏感，也更容易接受。

**如何对付证实性陷阱？**事实上，并不是说不能按照下意识的想法来决策，而是说，应该先确定这样做到底是不是聪明的选择。你应该对这个选择进行客观的测试。

- 请一位你尊重的人士来扮演反对派，对你预先想好的决策进行质疑。如果你能进行自我辩述，那更好。有没有其他的选择？最有说服力的理由是什么？其次是什么？再次是什么？用开放的思维考虑当前的形势。
- 坦率地看待自己的动机。你是否真的在收集有助于做出聪明选择的信息，还是在寻找支持先入为主的观点的证据？
- 直面相互冲突的信息。确保充分了解来自不同方面的信息，并对它们进行同样严格的测试，不偏不倚。
- 在征求他人意见时，不要提出带有诱导性的问题。

## 错误的提问方式：框架陷阱

一个年轻的牧师问主教："祈祷时能抽烟吗？"当然，答案很简单，"不能"。过一会儿，那个年轻的牧师却发现有个年长的牧师在祈祷时抽烟，于是，年轻的牧师出言制止："祈祷时不许抽烟！刚才我问了主教，他说我们在祈祷时不许抽烟。"没想到年长的牧师回答说："哦，这就奇怪了。我刚才也问了主教，抽烟时是否可以祈祷，他说，我们可以在任何时候祈祷。"

正如这个例子所显示的，问题的框架直接影响了你将获得什么样的答案。在做决策时，也存在相同情况。面对存在缺陷的问题框架时，你不可能做出精明的选择。

最近的一个例子，关于美国新泽西州和宾夕法尼亚州实行类似的法令，却带来极其不同的结果。为了减少车辆保险费，两个相邻的州（新泽西州和宾夕法尼亚州）颁布了十分相似的法令。法令的主旨是：限制驾驶员的诉讼权，相应地降低保险费。新泽西州的法令是这样规定的：除非驾驶员特别声明，否则，其诉讼权将自动受到限制。宾夕法尼亚州的法令则规定：除非驾驶员特别声明，否则，其诉讼权不受限制。法令实施后，新泽西州大约有80%的驾驶员选择了限制诉讼权，而宾夕法尼亚州只达到25%。由此可以看出，不同框架的法令直接影响了受众的行为。结果，宾夕法尼亚州的保险费和诉讼费节约额度，比预期的少32亿美元。

很显然，问题的框架十分重要。心理学家甚至表明，当同样的问题以不同的框架来表达时，人们会做出不同的选择，因为每种问题框架侧重于不同的目标集。

经过大量的实验，决策研究者发现了下面两种容易扭曲决策行为的问题框架。

### 以所得或所失来确立框架

决策研究者丹尼尔·卡尼曼（Daniel Kahneman）和阿莫斯·特沃斯基（Amos Tversky）共同设计过一项经典的研究，我们根据该研究进行了改编，探索了框架的影响。我们向一些经验丰富的保险专业人士提出了以下这些问题。

假设你是航运公司的经理，负责尽可能挽回你公司昨天在阿拉斯加沉没的三艘货轮的损失：每艘船上均装载了 20 万美元的货物，如果不在 72 小时内救助，三艘货轮将全部沉没。离海难发生地最近的一家海难救助公司提供了收费标准相同的两种救助方案，其结果可能如下。

**计划 A**：能使 1/3 的货物得到救助，挽回损失 20 万美元。

**计划 B**：有 1/3 的可能性使所有货物得到救助，挽回全部 60 万美元的损失，但存在 2/3 遭受全部损失的可能性。

你愿意接受哪个方案呢？

如果你像实验中 71% 的参与者那样，你会选择"风险更小的"A 计划，而且肯定可以挽回 1/3 的损失。

我们将 A、B 两个计划的结果修改后，又请另一些人进行了测试。

**计划 C**：此计划将导致 2/3 的货物损失，价值 40 万美元。

**计划 D**：有 2/3 的可能导致全部损失，价值 60 万美元，但也有 1/3 的可能挽回全部损失。

接受计划 C、D 测试的参与者，80% 选择了计划 D。

实际上，计划 A 与计划 C 是一样的，计划 B 与计划 D 也一样，只是以不同的方式来确定其框架。当人们定位于获利时，就丝毫不愿意承担风险，当人们定位于挽回损失时，就能直面风险。更进一步说，人们总是乐意接受既有的问题框架，而不习惯用自己的方式来重新表述问题。

### 以不同的参照点来确定框架

同一个问题选取了不同的参照点时，可能引起的反应会截然不同。假设你的账户中有 2000 美元，然后回答下列问题。

**问题 A**：你有相等的概率要么失去 300 美元，要么得到 500 美元，你会接受这个机会吗？

**问题 B**：你有相等的概率使你的账户余额要么变为 1700 美元，要么变为 2500 美元，你会接受这个机会吗？

事实上这是同一个问题，但研究结果表明，大多数人愿意接受问题 B 中的机会，而拒绝 A 中的机会，仅仅因为这两种说法选择的参照点不相同。A 说法的参照点是 0，它强调增加收入或者损失，而对损失的强调，引起了人们内心的保守反应。B 说法的参照点是 2000 美元，强调了决定对财务前景更广阔的影响，使人们能够考虑得全面一些。

**如何对付框架陷阱？** 有缺陷的问题框架，甚至可能破坏经过深思熟虑的决策，但我们可以通过决策过程的练习来改变这种状况。

- 经常提醒自己要记住你的最终目标，确保问题的框架已经充分包含你的目标。
- 不要轻易接受提供给你的问题框架，即使你已经了解意思或别人曾经做过解释。要不断尝试将同一个问题用不同方法、从不同角度向自己提出来，观察是否由于问题框架的变化而使原意变形了。
- 尝试将问题以中立的方式提出，包含所得所失以及不同的参照点。例如，你是否愿意接受这样一个机会，即有 50% 的可能损失 300 美元，导致银行存款变为 1700 美元，同时有 50% 的可能获得 500

美元，使银行存款增加到 2500 美元？

- 在决策的全过程，都要仔细思考问题的框架。时刻提醒自己，尤其是在即将做出决策的时候，如果问题的框架发生变化，自己的思维也可能会随之变化。

- 当你的下属提出决策建议时，研究他们确定问题框架的方式，以不同的问题框架质疑他们。

## 对自己太过确信：过于自信的陷阱

你是否能预测你居住的城市明天的气温？你的预测有多准？现在，先预测最高温度，你确定明天的实际气温只有 1% 的可能性会高于它；然后预测最低温度，你确定明天的实际气温只有 1% 的可能性会低于它。换句话说，明天的气温，"98%" 被你预报准确。

如果你曾做出过许多次这样的估计，你觉得自己的评估技能已经十分不错了，从统计学上讲，你认为实际的气温只有 2% 的可能会超出你预测的范围。不幸的是，大量的试验表明，这种预测方式的失误率在 20%～30%，而不是什么 2%。由于你对自己的预测的准确度过于自信，导致你所列出的预测范围太小了。

想一想这里面的含义。如果你在做买卖时犯了同样的错误，低估了最高可能价格，高估了最低可能价格，你便使自己承受了更大的风险，或者失去了更多的机会。

过于自信的主要原因在于思维定式。当你对一个可变范围进行最初的预测时，你会很自然地最先确定中间的可能值，这种思维定式必然导致你得出一个过于狭隘的可变范围。

**如何对付过于自信的陷阱？** 为了减少过于自信的影响，你可以：

- 避免被最初的估计值形成先入为主的印象，在预测或估计概率时，先考虑极端的点（最高或最低）。

- 积极挑战你自己确定的极端值，努力将所有因素考虑周全，并做出相应调整。比如，你预测的平均温度是 30℃，最高气温是 35℃，那么，38℃ 的可能性有多大？

- 勇于质疑任何专家、咨询顾问的意见，因为他们与我们一样，也可能犯错误。假设你是某公司总经理，公司正准备推出一款新产品，你的销售经理告诉你，这种产品明年只有 1% 的机会销售量低于 3.5 万台。你就会问，如果我们明年只销售 2 万台，那会是什么原因呢？销售经理回答说，可能是因为竞争对手推出了更先进的产品。你又接着问，这种情况的概率有多大？销售经理回答说，大约 10%。如果有 10% 的机会只能销售 2 万台产品，那么，肯定有超过 1% 的机会销量低于 3.5 万台产品。你的销售经理的说法自相矛盾，在于他 / 她犯了思维定式的错误，在估计时没有考虑到竞争产品的因素。

## 焦虑于印象深刻的事件：记忆陷阱

你认为美国某家大航空公司的任意一架飞机，在正常航行时发生空难的概率有多大？

你的答案是什么？大多数人会高估这类事件发生的概率。实际上，根据麻省理工学院的一份报告显示，该类事件的概率为千万分之一！

人类根据经验来推断事件的概率，而那些非常令人震惊的事件，能很深地影响人们的记忆，因此，人们总是夸大实际很少发生的灾难事件发生的概率，媒体也总是长篇累牍地对这些事件进行报道，给人们造成了诸如空难之类的事件频频发生的假象。一件在你心中留下难忘创伤的事件，也可能深深地影响你的思维。假如两周前你不幸刚刚经历一次车祸，你就会对车祸的发生率有着较高的估计；如果你的某位亲戚或朋友刚刚因患癌症不幸离世，你同样可能认为癌症具有很高的发病率。

事实上，扭曲你对某些事件的记忆的任何事情，都将扭曲你对那些事情的概率的估计。在一个实验中，研究者将两份记载某些男士、女士姓名的名单分别交给两组人阅读，每份名单上男士与女士的数量相同，只不过 A 名单上的男士要比女士更出名，而 B 名单正好相反。看完那些名单后，研究者问参加实验者，他们看到的名单上，男士和女士的比例是多少。阅读了 A 名单的人说男士多于女士，而阅读了 B 名单的人则说女士多于男士。

**如何对付记忆陷阱？** 要弱化这种错误的影响，应该做到：

- 你在估计或预测时，要仔细检查自己的假设前提，确保错误的记忆没有过度影响自己的思维。
- 只要有可能，要尽量获得客观的统计数据。除非迫不得已才去依赖记忆。
- 如果没有直接的数据，试着将你试图评估的所有事件拆分，然后从小到大、从局部到全部逐步进行分析。例如，如果需要预测某航班发生意外事故的可能性，可以分别收集每年发生意外事故的统计数据，以及每年的航班总量的统计数据。尽管这样得出的概率可能不如麻省理工学院的数据准确，但总比你拍脑袋得出的判断要准确得多。

## 忽视相关的信息：基础比率的陷阱

唐纳德·琼斯要么是一位图书管理员，要么是一位推销员。人们对他的个性的描述，用"不擅长社交"这个词最为恰当。他是图书管理员的概率有多大？

面对上述测试，多数人的反应是：事情非常清楚，他是图书管理员，因为图书管理员更有可能不擅长社交，而推销员一般都比较开朗、外向。因此，他是图书管理员的概率至少为90%。听上去很有道理，其实完全错误。

这种逻辑之所以错误，在于忽视了男推销员的数量要远高于男图书管理员的事实。在美国，男推销员与男图书管理员的数量比为100∶1，在你考虑唐纳德·琼斯不擅长社交的这种个性之前，首先应该想到，他只有1%的可能是图书管理员。这就是基础比率。

现在，想一想"不擅长社交"这种个性特征。假设50%的男图书管理员不擅长社交，同时只有5%的男推销员不擅长社交，结合基础比率可以得出，琼斯是图书管理员的比例仅为10%，而不是90%。忽视基础比率会给你带来很大麻烦。

**如何对付基础比率的陷阱？** 仔细分析你的思考过程，确保没有隐藏任何信息，使用下列的建议作为指导。

● 不要忽视相关数据，在评估时重视基础比率。

● 不要将概念不同的概率混在一起（例如，不要混淆图书管理员不擅
长社交的概率和不擅长社交的人是图书管理员的概率）。

## 歪曲概率和估计结果：谨慎陷阱

假如你是一位医学机构的研究人员，正在研究对付某种潜在的致癌
物质的医学方案。在阅读了实验数据和相关文献后，你认为那种潜在致
癌物质导致癌症发生的概率为 1%，但还不能肯定。那么，你认为概率到
底应该是多少呢？

许多人在这种情况下会持极其谨慎的态度，避免使预测范围太小，
于是将 1% 提高到 1/20。他们觉得这样的估计"安全"。但如果你连续几
次采取这种判断方法，并把它们的结果叠加起来，那么，所有本着"谨
慎"态度得出的估计结果，将对问题的严重性产生完全扭曲的理解。

正如以上例子所表明的那样，即使是最好的决策动机——谨慎，也
可能导致我们的错误。有一种"最坏情形分析法"，曾是武器系统设计和
一些机器设备的常规设计、建设的方法。采取这种方法，即使那些武器
几乎不可能在极其罕见的恶劣环境中使用，也要求它们能在最恶劣的条
件下正常使用。"最坏情况分析法"增加了巨额成本而没有实际效益，这
说明，过分谨慎会导致不正确的决策。

在商业行为中，过于谨小慎微可能带来损失惨重的后果。多年前，
身为美国三家最大的汽车厂商之一的某厂商准备制定在即将到来的销售
旺季的新型汽车供应量。这个任务交给了营销计划部门，于是，营销计
划部门就从其他部门收集相关信息，如预期销售量、分销商投资、竞争
对手的措施以及成本等。在知道了收集信息是为了预测汽车供应量后，

所有部门的预测都倾向于支持生产更多的汽车——为求保险起见。然后，营销计划部门又根据获得的数据，加入了他们自己的"为求保险起见"的调整。毫无疑问，汽车产量远远高于实际需求。该公司不得不花 6 个月的时间来低价出售库存。

**如何对付谨慎陷阱？**要进行可靠的决策，坦诚是关键。

- 诚实地、不掺水分地进行预测和估计。在与他人交流时，确保所提供的信息没有被本着"谨慎"或者其他原因进行主观调整。
- 将那些支持你的估计的信息记录下来，以便他人能更好地理解。
- 向信息提供者强调，你需要客观的信息。
- 尝试不同的估计值区间，并考虑对最终决策的影响。对于较敏感的估计，要多花点时间想一想。

## 试图寻找并不存在的规律：企图猜透随机现象的陷阱

在赌博桌上，骰子似乎着了魔。在一轮中连续 4 次开出了 7 这个数字。那么，下一把你是否应该在 7 这个数字上投下重注？你的一位总有好运气的堂哥为你选了一注福利彩票的号码，是否能增大你中奖的概率？

这类问题的答案都是"否"。

尽管我们总是渴望知道事物的发展趋势和方向，但随机现象就是随机的、任意的。骰子和彩票既没有记忆，也没有意识——每一轮、每一个数字选择，都是一次新的不同的事件，不受以前事件的影响。如果上一轮的结果能够按照可预期的方式影响到下一轮的发展，那么，赌场要破产了。

**如何对付随机猜测陷阱？** 要避免这种扭曲的思维，必须克制住自己在随机事件中预测事物发展趋势和方向的欲望。在评估概率时严守戒律。

- 不要试图看透和预测纯随机事件。这是不可能做到的。
- 如果你认为自己已经发现了将来的结果，那么，仔细检查一下你的理论。把那套你认为可以战胜庄家的理论拿出来，将过去的数据代进去，验证你的理论是否可行。这么做十分有效，可以避免给你造成实际的亏损。

## 巧合神秘化：惊奇陷阱

约翰·瑞利是个传奇人物。他曾经两次在只有百万分之一的概率中大奖的彩票中赢得大奖。这种事情发生的概率，只有一万亿分之一。一些人将其归功于超人力量，另一些则认为有作弊的嫌疑。你怎么看？

乍看起来，一个人两次赢得概率为百万分之一的彩票大奖，几乎不可能。好吧，让我们试着来分析分析。假设有 1000 人曾经赢得一次大奖，他们又都尝试了 100 次，试图再次获得好运。那么，就在百万分之一概率的大奖中占了十万次机会，也就是说，这些人中的任何一人，中奖的概率为 1/10。这么看，你会发现其实它并不是什么奇迹，甚至还不能称为很少发生的事情。

与企图猜透随机现象的陷阱一样，惊奇陷阱源于不恰当地看待现实中本来就有一些惊奇的成分，而人们要么没有意识到，要么不愿意承认。许多人因为赌博连连赢钱（或者投资非常成功），就以为自己运气特别好，或者水平特别高，但我们不应该被这些戏剧性的事件所迷惑。从概率上来说，总有些人会走运：这个人恰好是你的概率可能极小，但在某些情况下，这个人是某个人的概率，可能就不那么小了。一些有钱人之所以胜出，可能不是因为他们的生意头脑，而只是走运罢了。一些不幸的人可能并非因为愚蠢或者无能——只是不那么走运罢了。

当巧合发生时，人们总是容易受到迷惑。他们不能接受随机事件的任意性，倾向于用神奇的、超自然的力量来解释事件，并且对自己也迷信起来，以为他们自己一定是有某种过人之处。

**怎样对付惊奇陷阱？**当某件看起来十分罕见的事件发生时，不要吃惊到抛弃概率的法则和逻辑，而要相信，所有的罕见事件都是注定的。通常你能够找到一个很好的解释。记住下面这几点：

- 世界上本来就有很多稀罕事，你肯定会经历其中的一些。
- 有些事情看起来稀奇，实际上并非如此稀奇，比如，在 24 个任意选择的人中发现两个生日（月和日）一样的人，其概率有多大？答案是：超过 50%。

## 有备无患

我们的大脑总在不停地工作，遗憾的是，有时候它带来的麻烦和困扰，超过了它给我们带来的帮助。在决策的每个阶段，概念混淆、偏见和其他思维中固有的缺陷，都会扭曲我们做出的选择。越是复杂和重要的决策，越有可能受到扭曲，因为这些决策包含了更多的假设前提和估计。

在判断不确定的事物时，我们更容易受到固有缺陷的影响。我们能够很熟练地判断时间、距离、重量和体积，因为我们在生活和工作中不断做出此类判断，并且能很快得到是否正确的反馈。通过日常练习，我们的思维对此类判断已经形成一个比较准确的标准。但是，判断不确定的事情，则完全不同了，虽然我们也经常对不确定的事情进行判断，但很少能够获得是否正确的反馈。

例如，倘若你假设某件事情发生的概率为 40%，而这件事最终没有发生，你无法很快知道自己的判断是否正确。唯一的办法就是跟踪其他许多类似事件发生的概率，看看你认为有 40% 的可能性发生的事件，有多少真的是在 40% 的时间上发生的。这要求获取大量的数据和长期进行细致的追踪。天气预报工作者和博彩公司的工作人员就得保持这种工作方式和态度，但我们其他人做不到。结果，我们永远也无法校准我们的概率判断。

避免陷入心理陷阱的最好办法是了解都有哪些陷阱，做到有备无患。即使不能根除这些陷阱的影响，你也能尽量揭示决策过程中的思维错误，并且采取措施避免判断失误。

了解和避免心理陷阱，还有一些明显的好处：增强自己决策的自信心。

# 第 11 章

# 做精明的决策者

现在一切都清楚了，优秀决策的艺术，有赖于系统的思考。系统的思考方法能够帮助你：

- 确定正确的决策问题。

- 澄清决策的真正目标。

- 发现一系列有创意的备选方案。

- 理解决策带来的结局。

- 在多个互相冲突的目标中进行适当的取舍。

- 明智地处理不确定因素。

- 考虑自己的风险承受能力。

- 在相关联的决策过程中做好事先计划。

依靠系统的思考来做出正确的决策，道理非常简单，而且操作起来也不难。你可能需要多花些时间和精力来仔细阐述自己的目标，或者增加可供选择的备选方案数量，但是，整个思考过程本身是简明直接的。

事实上，你所额外投入的精力，并不会耽误你的时间，因为它可以帮你摆脱无谓的重复思考。最重要的是，它有助于你获得更加优秀的决策。

但是，做出精明的决策是一回事，变成精明的决策者则又是另一回事。因此，在最后一章，我们将回顾好的决策方法所具备的要素，来学习成功决策者 10 大核心技能。掌握这些技能，并不断地加以应用，你就能对人生旅途中的种种选择做出明智的决策。

## 开始行动

拖延将给优秀决策带来致命影响。无论什么原因，哪怕是问题异常复杂、需要做大量工作、情绪极度不好，等等，都不能作为拖延决策时间的理由。

如果你花费大量时间来怀疑自己是否能做得更好一些，结果就拖延了决策时间，往往会导致非常令人失望的结果。那么，从现在就开始行动吧，越早开始，就越有可能使你的决策获得充足的思考和信息。充足的时间，能使你深入思考问题、改进解决方案。被时间驱使做出的决策，只会使你由于时间压力而忽视了许多重要信息。

要有一个较好的开始。试着回答以下 10 个问题，它们能够展示你已经掌握了什么和你需要掌握什么来帮助你做出明智的选择。

### 开始行动：10 个诊断性问题

（1）我的决策问题是什么？广义地讲，需要做出哪些决策？作为广义决策的组成部分，我得做出哪些具体的决策？

（2）我的根本目标是什么？我是否已经花了足够的时间来了解我的

基本需要和要求？

（3）备选方案是什么？是否能有其他更好的选择？

（4）对于我的每一项目标，每一种备选方案可能导致的结果是什么？是不是可以放心地排除一些不适宜的备选方案？

（5）如何在几个非常重要的目标中做出取舍？几个相互冲突的目标中，哪一个更重要？

（6）是否有不确定因素造成了严重的问题？如果有，是什么？它们如何影响结果？

（7）我愿意承担多大的风险？最好的和最坏的结局分别是什么？有什么方法可以降低风险？

（8）我是否对未来做了预先的思考和规划？能不能通过收集信息减少不确定因素？在时间、金钱和努力方面，哪些是潜在的收益？哪些又是需要付出的成本？

（9）现在，怎样来决策，是不是已经显而易见或相当清楚了，现在做出决策，是否有些什么保留意见？通过适度增加时间和精力的投入，是否能改进决策？

（10）我还应该继续做什么？如果结果并非显而易见，那么关键的问题是什么？取得什么样的事实和观点可以简化我的工作？

一旦你开始行动了，不要停下你的脚步。一些决策者会停留在决策过程中的一些具体要素上，直到把所有的目标弄得非常完美，才开始考虑备选方案的结果，等等。这些人由于不能向前看，往往在那些事后看起来无关紧要的问题上浪费宝贵的时间。比如，他们可能会花大量时间来对工作目标进行过于深入和全面的思考，而对于那些有着实质意义的不确定因素，却没有花足够的时间进行认真考虑。

要避免发生这类拖延时间的问题，可以采用所谓的"消防训练分析法"。对一个简单的或者日常的决策，假设自己只有几分钟时间来思考；对一个更加重要和复杂的决策，假设自己只有几个小时的时间来思考。快速思考可能遇到的问题、目标、备选方案、结果、取舍、不确定因素、风险承受力以及相关联的决策，等等。对每一项内容都进行快速的思考和分析，不要牵扯细枝末节，不要考虑是否合适，首先要试图获得对整个问题的全面了解，观察如何将不同的内容组合起来。对问题进行概略的描述，能提高你对问题的理解，并帮助你掌握全局的观点。做到了这些，你就可以很自如地扩展到任何一个微观的点上。采用"消防训练分析法"，将使你惊喜地发现自己能够做出清晰、正确的决策，且无须投入过多的时间和精力。

## 着重思考重大问题

在多数决策中，你都能准确地知道你应当关注什么目标，也就是整个决策过程中一直困扰着你的东西。通常，决策过程中只有 1～2 个最重要的因素，很少超过 3 个。

如果你还不能清晰地发现什么是重要的，那么问问自己："是什么在阻碍我决策？为什么我不能现在做出决策？"问题的答案将告诉你，你得把注意力集中在哪些方面，可能是不确定因素（我不知道这个公司是否能够生存下去），或者是很根本的问题（我不知道为什么会出现这个问题）。无论是什么，回顾相关章节中的建议，解决它。

## 制订进攻计划

大致了解了需要做的决策后，你得制订一个合理的"进攻计划"来寻找问题的解决方法。是不是需要获取信息、明确目标和选择合适的备选方案？系统的计划能帮你找到需要的东西，然后从全局的角度回顾你所需要解决的问题。

记住，随着你的深入研究，问题总是在发生变化，对此，你也要灵活应对。要定期检查你的策略，如果出现了意料之外的情况，暂时停下来，待解决后重新出发。你可以向自己提此类问题：

- 我的决策现在显而易见吗？
- 如果不是，是花更多的精力寻找其他的备选方案，还是就选择那个目前看起来最具优势的方案？
- 我学到了什么，我对这个问题的感觉产生了多大的变化？
- 下一步我该如何进行？

调整计划，然后继续向前。只要有必要，就得不断重复这个过程，直到完成决策。完善的计划能够保证你在解决问题时不偏离方向。与此同时，对接受新的信息和变化保持开放心态，也十分关键，你应该随时准备停下来，重新评估和安排计划。要不断地问自己："什么东西在困扰我？什么东西在阻碍我？为什么我不能现在做出决策？"

## 抓住核心的东西

许多问题看上去极为复杂，令人望而生畏到绝望，以至于不知道该怎样定义和解决它：以下方法可以帮助你解决这些看似不能完成的工作。

**逐层决策**。在一系列相关的决策中，从最主要的问题开始（在新的城市里找什么样的工作），然后进入第二层次（选择住在什么地方），再深入到更细的环节（租什么样的公寓）。在每个层次，确保抓住了核心的东西，对下一层次的方案有着清楚的认识，因为它可能影响你在更高层次的选择（例如，在找工作时，考虑附近的居住环境可能会帮你做出选择，但实际上，你的居住环境和公寓，要在找到工作后才能确定下来）。大型组织和军队都采取这种技巧，先做战略性的宏观决策，其次是战术性的微观决策，最后是具体的行动计划。

**缩小和放大**。缩放技术起源于透镜的使用。在决策过程中，我们将透镜的放大和缩小功能应用于不同的层次。我们用缩小的方法来纵观全局，用放大的方法来审视细节，直到我们多次对问题的各层次进行类似这样的观察以后，才能做出决策。我们首先把问题缩小，来做出高层次的决策，然后将细节放大，来考虑那些需要依靠高层次决策的低层次问题，再依据从低层次问题中获得的信息，对高层次的问题进行重新考虑。在做出最后决策前，你应该像这样反复多次地缩小和放大，到最后，必定能做出精明的选择。

**比较系列的决策**。一些决策能够很自然地结合起来，因为它们之间存在某种因果关系或联系，我们称之为系列的决策。例如，你即将大学毕业，有两个工作机会供你选择，一个机会是在洛杉矶从事工程设计，因此你可以住在韦斯特伍德市，有机会到加州大学洛杉矶分校进修工程设计专业的研究生课程；另一个机会是在旧金山从事生产管理，因此你可以住在伯克利，去加州大学伯克利分校学习会计。在这两个不同的选择中，如果你已经选定了在哪里工作，实际上就已经做出了一系列的选择，包括在哪里居住、在哪里深造，等等。因此，你应该综合考虑系列决策。

**掌握问题恰到好处。** 考虑问题究竟应该细致到什么程度或粗放到什么程度，对决策有很大影响。对问题的定义越宽泛，则需要做的相应分析也越粗略。美国哲学家威廉·詹姆斯（William James）这样描述对问题的把握："精明的艺术在于知道什么是可以忽略的。"精明的决策者必须具备这一素质。你得通过反复的试验，或者听从他人的建议，或者根据自己的经验，恰到好处地掌握你手头的决策问题。

## 跳出困境

很多时候，你在决策过程中常被一些问题困扰而驻足不前，有时根本无从着手决策，有时则碰到几乎无法逾越的障碍，有时尽管做了大量的分析，也无法最终下定决心。

我们的建议是：找个人和你一起交流——用你的嘴把你的思想表达出来。交谈有助于你发现以前没有注意到的方面。并且，你可能会为了与他人交流而事先做好提纲，并且做好记录，所有这些，都会推动你的思维，即使你和他人的交流不再进行下去，也拓展了你的思维。我们经常发现，向我们寻求咨询的客户为了准备与我们交流的材料而从中受益匪浅，有时甚至超过了我们为他们提供的帮助。

一个帮助你跳出困境的好方法是假设别人用同样的问题来请教你，你为他找出解决方案。以凯斯为例。16岁的凯斯是一名世界级的游泳运动员，他正在考虑到底是离开家，和其他运动员一起进行为期6个月的训练，还是在家里跟随十分优秀的高中教练训练。他很有把握加入国家队并参加奥运会，渴望获得金牌。但他又不愿意离开家人、女友以及他很喜欢的教练。他是应该决定离家训练冲刺金牌，还是待在家里拿铜牌？他又担心自己会因为失去追求运动员最高荣誉的机会而后悔不迭。在凯斯和我讨论这个问题时，我问他："如果一个和你处于相同境地的人，请你给他怎样决策来提建议的话，你会提怎样的建议？也就是说，现在把你想象成我，把我想象成你，你会给我什么样的建议？"他毫不犹豫地说："离开家和最优秀的运动员一起训练。"这个答案也正是他自己需要的。

另一个办法是，如果遇到障碍，那么想一想，假如障碍消失了，你该怎么做。例如，如果筹措资金是你的障碍，那么，假设你已经筹集了足够的资金，下一步该做什么？如果你能够越过障碍而解决问题，那么，你也许可以很容易地回过头来解决这个障碍。

## 知道何时退出

对事物的分析可以永远地持续下去，但我们不能永不停步，因为我们最终必须做出决策。你得掌握好思考的节奏。在决策问题上纠缠不休，会花费大量无谓的时间和精力，而为逃避精神压力而草率做出的决策，往往又十分糟糕。

我们怎样才能知道我们投入的时间和精力已经足够多了呢？你得仔细衡量，更多的投入和因此而可能产出的收益是否成正比。以下一些问题会对你有些帮助：

- 你是否感到自己已经足够了解需要决策的问题？
- 你是否已经对决策所涉及的所有相关因素做了通盘的考虑？
- 你是否对现有的备选方案感到满意？
- 如果迟迟不采取行动，会不会错过选择眼前的最佳方案的机会？
- 你是否觉得，即使你花再多的时间，付出再多的精力，也不可能找到新的、更好的备选方案？
- 是不是即使完美的解决方案也比现有的方案好不到哪里去？
- 在现在的决策问题上无休止地纠结下去，是不是会影响你的其他重要活动和决策？

显然，如果你对上述问题的回答全部或大部分为"是"，那么，你应该停止分析，开始决策了。

有时，你不得不自觉地防止自己进行过度的分析。所谓的"分析麻痹症"是人们在决策过程中经常犯的错误，它表现为不知疲倦地收集各种有用和无用的信息，总是试图寻找一个又一个的备选方案。虽然寻找完美的解决方案是极为困难的事情，但总是有太多的人在不断地、不切实际地苦苦追寻。同时，有的人为了逃避决策，总是想象出更多的分析工作来拖延时间，因为，一旦做出决策，就意味着接受了某些不愿接受的现实。

## 明智地运用他人的帮助

对于超出我们知识范围的决策，我们通常会向了解这方面知识的有关专业人员请教。这些人，比如医生、律师、会计师，等等，在这里我们权且称之为顾问。但不幸的是，大多数的人只会这样问顾问："我该怎么做？"然后按照顾问的建议机械地操作，即使自己已经感觉到有些不对劲，仍旧这么做下去。

为什么你会感觉不对劲？如果你要求顾问为你决策，而不是帮助你决策，而你又没有把你的目标、你的取舍标准和你的风险承受力准确地反映给顾问，那么，顾问怎么能为你提出好的建议？因此，你得向顾问准确表达你的目标、你的取舍标准、你的风险承受力以及你对问题的理解，然后综合顾问对该问题的看法和意见，自己来做出决策。

要利用顾问擅长的方面，比如提供关于决策问题是什么以及将会怎样发展等方面的参考信息，然后运用自己的判断。因为你比任何人都了解自己的目标和价值观。然后，综合起来进行决策。毕竟，这是你自己的选择。

## 确定基本的决策原则

我们通常不会为了那些次要的、日常的决策行为付出太多的时间和精力，因为这些决策看上去无关紧要，但是，一系列这样的决策，往往会产生很重要的后果。比如，今天晚上你吃什么并不重要，但是你每天晚上吃的东西，却可以反映你是否摄取了足够的营养。

因此，虽然你不会深入思考某件不太重要的事情，但思考每天做决策的原则，可以使你有很大收获，形成自己行之有效的决策原则。你的决策原则，体现了你长期秉持的价值观。决策原则的形成，有助于你很快地解决一些日常性的决策问题，节省大量的时间和精力。

## 调整决策风格

随着时间的推移，你已经形成了自己的决策风格，也就是说，你已经养成了一整套做决策的流程习惯。当然，你希望自己的决策尽可能高效，并致力于不断改善和优化决策流程。我们认为，改善决策风格、提高决策效率的最佳办法是定期回顾你近期所做的决策。回顾决策过程和研究决策结果，将当时做决策的出发点和逻辑记录下来。这些记录材料，能够反映你的决策风格。试着回答以下问题：

- 你是否认为备选方案已经富有足够的想象力了？
- 你是否花了很多时间在那些并不重要的事情上？
- 你是否总在为你的决策找事实依据，比较保守？
- 你认为你是主动控制决策，还是被动接受决策？

回顾决策之后，你是不是对自己的决策风格感到满意？它是有助于你还是妨碍了你？你打算如何改进它？采取什么措施改进？

你可以自己回顾，也可以邀请同事和你一同回顾，同事经常能提出一些你没有想到的东西。你可以询问家人、朋友甚至是竞争对手，他们会从他们各自擅长的方面给你提供有益的帮助。这样做的好处是多方面的：既可以拓展你考虑问题的思路，又可以让你学习他人的思考方法。

要注意的是，不要只以结果来衡量决策。要记住，我们必须区别精明的决策和好的结局。精明的决策可以带来好的结局，但也可能造成不好的结局。

你是否能够准确预见决策的结局，是否发生了你完全没有预料到的结局？你的确不可能考虑到所有问题，但是，如果你发现自己遗漏了十分重要的问题，那就应该很好地调整决策风格了。

如何能获得提高呢？练习。所有的技能，都需要经常练习！

## 对自己的决策负责

谁该为你的决策负责？你自己。谁该就你面对的问题进行决策？也是你自己。正因为如此，我们一定要把握主动，勇敢地对待需要决策的问题，而非被动地等待。

我们常常因为他人（竞争对手、上司和家人）或者环境（意外事故、金融市场）等原因而不得不面对决策。是的，如果没有这些问题，人生将美好得多，毕竟没有哪位父母愿意看见自己的孩子学习成绩不好，没有哪位管理者愿意接受由于竞争对手的强势而使自己的产品失去市场的现实。没有哪位农场主可以忍受一场风暴将自己一年的辛苦成果毁于一旦的事实。现实是残酷的，通过冷静思考，我们可以发现，以上这些问题的出现，对于当事人，也就是决策者，其实是无可抱怨的。因为再怎么抱怨，也改变不了已经发生的事。

因此，如果可能，我们应该主动为自己提出一些决策问题，这些主动提出的决策问题不再是问题，而是机会。例如，我们都很关心健康，这个愿望隐含了许多决策的机会：怎样保持或达到良好的身体状况？如何做到科学饮食？如何避免风险？

你不需要把这些问题记下来，你将来一定会有机会遇到的，到那时，你一定要抓住机会，利用本书推荐的方法进行分析、决策和执行。如果没能抓住机会，就可能导致失败，你也就只剩下后悔了。

寻找决策机会的过程，就是搞清楚自己想要得到的东西的过程。一个系统地掌握如何发现机会的方法，我们称之为专注于价值的思考，因为它起源于价值、你认为值得做的、有用的和需要的。坐下来冷静地找出自己的一套基本目标，也就是你秉持的价值观，具体地描述你希望从人生或者它的某个方面（如职业生涯、婚姻、家庭、业余爱好，等等）得到的东西。对于工作上的决策，要为你的组织和身处其中的自己确定价值目标。

然后，利用这些价值目标来创造决策的机会。例如，如果说你的价值目标是"拥有更多的闲暇"，那么，如何实现呢？于是你就会主动地严格把握自己的时间，尽可能高效地完成工作。通过采取主动，你会扩大自己的选择面，从而更好地把握自己的未来。

你可以把人的一生当成一个连续不断的决策过程，这是把握决策的一种很好的方法。例如，聪明伶俐的大学三年级学生黛安妮·莫利斯想成为一名医生。她在内心这样想："我不能十分肯定我一定能当医生，但我希望当医生。"

"如果当生物学家或心理学家，怎么样？"

"也许也想吧，但我肯定不会成为企业家、音乐家或者是宇航员。"

其实，黛安妮和其他很多大学生一样，也有许多梦想，尽管这些梦想并不十分清晰，却可能改变她的一生。当然，她知道自己首先要成为一个独立的女性，能够自食其力，获得相应的报酬；她认为自己可以或应该帮助别人；她知道她已经选择并且喜欢上了这些枯燥的课程。虽然有很多东西她并不了解，但是她了解自己的需要。

尽管没有接受任何指导，但黛安妮仍然学会了展望未来：她知道，如果想当一名医生，就必须上大学，并且能顺利毕业；她知道，想学好其他科学知识，就必须首先学好数学；她阅读了大量有关著名医生的书，因为她想了解他们的生活和工作；她在研究所工作，不是为了获得这方面的经验，而是想验证研究所的工作能否成为其将来职业生涯的一部分。她已经是一个系统的、成熟的思考者了，展望未来、获取信息、循序渐进、不断测试、适时调整、致力提高、勇于创新。

黛安妮是否应该进行更多正式的决策训练？她是否应当获得帮助，以评估她将面对的不确定因素的可能性？她是否应当把她一生的决策树上每一条路径的渴求得分都记录下来呢？不，完全不用！当然，如果黛安妮在决策过程中能再增强一点意识，提高思考的逻辑性，会从中获益更多。

- 她将重新观察自己的兴趣。什么是自己真正需要的，何时开始为此而努力？
- 她将明确自己的长远志向：是不是希望家庭、事业双丰收？
- 她将辨别和明确一些主要的不确定因素，以帮助她更好地决策。
- 她会考虑如何收集那些有助于她确定正确方向的信息，比如，通过咨询朋友、读书看报、参加业余活动、加入俱乐部、旅游以及当志愿者帮助他人等方式，努力而有效地收集信息。有些信息可能与许多的不确定因素相关。有些信息的获取，则可能比另一些信息的获取更划算一些。
- 她将设定一些阶段性的目标。学习写作，提高电脑操作水平，等等。无论她将来是否能当上医生、心理学家、社会工作者或从事其他任何职业，掌握这些个人技能，都十分有利。
- 她将冷静地接受生活中发生的一切，包括各种意外，并将意外变成提升决策水平的机会。

- 她将不断改善决策的方法和技能。

生活是在两个极端之间寻找平衡的活动：黛安妮可能由于非常关注将来而忘了享受现在，也可能由于过分迷恋现在而没有为将来打好基础。如果黛安妮能够仔细地想一想，就一定能找到最佳平衡点。

## 你可以从本书中获得什么

利用本书所阐述的理念，你可以在决策方面获得很大帮助。如果你想获得令人满意的收获，就必须不断地应用本书中的原则。在你的某些决策活动中运用 PrOACT 方法，你可以从重要的决策入手，但在你能熟练运用它之前，最好不要把它应用到至关重要的决策上。刚开始，你也许会感到不适应，就好像用你不习惯的左手打球。但很快你就会适应了，你会觉得，这种方法和你长期以来一直在使用的方法十分相似。本书的决策方法为你提供了更加系统的决策思考方法，用以处理每天都要面对的事情。

当你逐渐适应了这些方法的运用时，会很轻易地从中获益。你会发现：

- 那些艰难的决策问题，大多数只有 1～2 个艰难的要素。
- 那些烦人的需要决策的问题，大部分并不像看上去那么难。通过系统的思考和对难点的观察，可以很容易地解决。
- 描述问题、确定目标、提出好的备选方案，构成了精明决策的基础。在超过一半的决策之中，如果你把握了这三点，就可以迅速地做出优秀的决策。

- 识别并排除那些糟糕的备选方案，几乎总能为你带来巨大的效益，尤其是在一开始的时候，那些不好的备选方案并没有明显地表现出它们的劣势。在排除了糟糕的备选方案之后，当剩下的方案之间的差别很小时，这种方法可以使你避免做出愚蠢的选择，确保做出精明的选择，能够极大地简化决策。
- 由于不确定因素的存在，你不能保证好的选择必然导致好的结局，但从长远来看，幸运总是眷顾那些遵循良好的决策程序的人。

最为重要的是，要始终牢记：决策是你掌握自己人生命运的唯一方法。接下来就要看你的了。要主动而为，对自己的决策负责，妥善处理人生的决策，养成良好的决策习惯。你的人生会因此收获更加充实的、更令你满意的回报。

# 理性决策

## 《超越智商：为什么聪明人也会做蠢事》

作者：[加] 基思·斯坦诺维奇 译者：张斌

如果说《思考，快与慢》让你发现自己思维的非理性，那么《超越智商》将告诉你提升理性的方法

诺贝尔奖获得者、《思考，快与慢》作者丹尼尔·卡尼曼强烈推荐

## 《理商：如何评估理性思维》

作者：[加] 基思·斯坦诺维奇 等 译者：肖玮 等

《超越智商》作者基思·斯坦诺维奇新作，诺贝尔奖得主丹尼尔·卡尼曼力荐！

介绍了一种有开创意义的理性评估工具——理性思维综合评估测验。

颠覆传统智商观念，引领人类迈入理性时代

## 《机器人叛乱：在达尔文时代找到意义》

作者：[加] 基思·斯坦诺维奇 译者：吴宝沛

你是载体，是机器人，是不朽的基因和肮脏的模因复制自身的工具。

如果《自私的基因》击碎了你的心和尊严，《机器人叛乱》将帮你找回自身存在的价值和意义。

美国心理学会终身成就奖获得者基思·斯坦诺维奇经典作品。用认知科学和决策科学铸成一把理性思维之剑，引领全人类，开启一场反抗基因和模因的叛乱

## 《诠释人性：如何用自然科学理解生命、爱与关系》

作者：[英] 卡米拉·庞 译者：姜帆

荣获第33届英国皇家学会科学图书大奖；一本脑洞大开的生活指南；带你用自然科学理解自身的决策和行为、关系和冲突等难题

## 《进击的心智：优化思维和明智行动的心理学新知》

作者：魏知超 王晓微

如何在信息不完备时做出高明的决策？如何用游戏思维激发学习动力？如何通过科学睡眠等手段提升学习能力？升级大脑程序，获得心理学新知，阳志平、陈海贤、陈章鱼、吴宝沛、周欣悦、高地清风诚挚推荐

更多>>> 《决策的艺术》 作者：[美] 约翰·S. 哈蒙德 等 译者：王正林